美しさに焦がれ、美しいひとをつくり、美しさをつくるひとを育ててきたマサ大竹。
うつろいゆく世界の中で、きらめく感性と確かな技術をたよりに、狩人のように永遠の美を求め続けてきた美容家の足跡は、ファッションと手をたずさえて世界のモードに貢献してきた日本の美容の歴史に、見事に重なる。

資生堂　名誉会長

福原　義春

飽くなき美の探求

マサ大竹　自叙伝

著　大竹政義

装幀　片山　翔平（資生堂クリエイティブ株式会社）

はじめに

この五十年、資生堂美容学校（現・資生堂美容技術専門学校）に入学して以来ということになるが、私は美容の世界で生きてきた。といっても、普通の美容師のように、美容室に勤務し、ゆくゆくは自分の店を持つというコースは辿らなかった。かなり変則的な人生だった。

化粧品メーカーの最大手、資生堂に入社し、ヘアメイクアップアーティストの仕事をこなしてきた。実際には、ヘアコンテストへの出場、ヘアショー開催、そしてパリ・コレクション（パリコレ）に参加するなどした。資生堂では私が初めてやったことだ。もちろん、私が自分で切り開いてきたわけではない。資生堂がバックアップしてくれたから実現した。資生堂は、化粧品業界トップでありながら、トップが陥りがちな守りの姿勢になることはなく、常に攻めの姿勢だった。私はその先兵だった。

同業他社に、私のような仕事をしていた例は無い。美容師免許を持ったインストラクターならいる。取引先にヘア技術を教えたり、アドバイスをして、自社製品の売上増に貢献する。資生堂は、単に化粧品を売るだけでなく、美容文化を提供し、美を追求する社風があるので、私のような存在が可能になった。ヘアメイクアップアーティストの仕事をしてきた私は、自分で言うのもおこがましいが、オンリーワン美容師になった。

今は、学校法人資生堂学園の理事長と、資生堂美容技術専門学校の校長をしている。私が卒業した資生堂美容学校が一九九九年に改称した学校。つまり、私は美容人生の原点に戻り、後進の育成に力を注いでいる。私は九期生なのだが、二〇一七年度入学の学生たちが、五十九期生になる。そうか、この世界に入って、五十年になるのか、と感慨にふけっていたら、学校のスタッフたちも気が付き、お祝いをしましょうということになった。

「マサ大竹　美容活動50周年記念の会」

が、二〇一七年六月二十七日に開かれた。学校のホールが会場になった。私が開催を承知したのは、お祝いしてもらい、悦に入ろうと思ったからではない。そうならば、著名なホテルの宴会場でした方が盛大だったはずである。

私は、学校のことをもっと知ってほしかった。学校は埼京線の十条駅近くにある。かつては資生堂の工場があったところだ。今は資生堂の社員も、学校に関係する人以外は、あまり足を運ばない。まして美容関係者も、存在は知っていても、来校することはなかった。記念の会には、四百人もの方々に来ていただいたのだが、うち八割は社外の人だった。初めて来たという方が多かった。お土産に学校のパンフレットを入れたのだが、

「こんな学校に通えるなんて羨ましい」

と感想を言っていただくこともあった。

メインは、ヘアメイクアップショーだった。トークショーも含め、約一時間を費やし、その後来賓のご挨拶をいただいた。単に私を祝う会ならば、何人もの来賓の方にご挨拶をいただくものだろう。しかし、あえて、二人に絞った。後は、学校の担当部署の者が挨拶しただけだ。

一人は身内なので、来賓と言ってはいけないのかもしれない。資生堂の魚谷雅彦社長である。会を催すことを決めたとき、挨拶をしてもらえないかと、学校の事務長から秘書・渉外部に依頼した。当初は、

「もちろん、スケジュールの都合が付けば出席します」

との返答だったが、開催の十日ほど前、出席との返答をもらうことができた。

私との接点は、千葉の舞浜で二〇一七年三月に行われた全国の化粧品店の経営者を招いた「プラチナショップコンベンション」で、私がヘアメイクアップショーに続いて美容についての講演をした後、魚谷社長が挨拶することになっていた。私の出番が終わり、舞台から降りたとき、次の出番の魚谷社

長がいて、私に握手を求めてきた。

「大竹さん、お疲れ様でした。良かったです」

と言ってくれた。このことがあったので、もしかして出席してくれるかもしれないと思い、申し込んだのだが、叶ったのである。出席者の社外の人たちは、

「資生堂の社長がわざわざ祝辞だなんて、大竹さん、さすがですね」

とびっくりしていた。

挨拶の冒頭、

「私の名前は雅彦で、マサ魚谷。マサ大竹に弟子入りしたい」

などと冗談を言った後、

「ありがとうございます、と心から申し上げたい。大竹さんの五十年は、日本の美容の歩みでもありますが、同時に資生堂にとっては、資生堂の〝世界へのビューティーの提供〟の歩みでもあるのです。大竹さん無くして、今日の資生堂の姿はあり得ません」

とまで言ってくれた。二〇一六年、資生堂はイタリアのドルチェ&ガッバーナとフレグランスビジネスに関する代理店契約を結んだ。そのとき、競合他社がひしめく中で、資生堂と組んだ理由として、技術力が高いだけでなく、「資生堂はビューティーの在り方、提供の仕方、人をどのように幸せにしていくかを、一番良く理解している会社だから」

と話した。そして、これが決め手になったと紹介し、そう思わせたのは、私たちの世界での活動によるものと評価してくれた。確かに、後述するが、パリコレに初めて参加したときは相手にしてもらえなかったと言ってもいいほどの扱いだった。しかし、次第に資生堂の商品を使ったメイクアップの評判が高まっていった。私はそれを実感として語ることができる。

今一人の来賓は、田中雅子さんだった。日本の美容業界の重鎮である。自ら田中雅子グループを率い、多くの美容室の経営、美容学校の運営に携わり、ＩＣＤジャパン（世界美容家協会日本支部）の役員でもある。

私が美容師になった頃は、資生堂も美容室を運営していたのに、美容業界とは距離があった。資生堂は化粧品の会社であり、美容室は片手間にやっているという認識だったのだろう。資生堂、特に、これも後述するが、美容学校第二代校長の高賀冨士子さんがその距離を縮めようと必死になった。

田中さんが挨拶の中で触れたことだが、高賀さんは、ＩＣＤジャパンの創設に尽力した。私も三十代後半のときだったが、食事の会に加わり、「大竹をよろしく」と田中さんに紹介してもらった。私は、変則的な美容師だったけれど、これで正統な（？）美容師になれたのではと、勝手に嬉しく思ったりした。

今では、私はＩＣＤジャパンの副会長職にいる。美容の世界にも、これほど仲間が増えた。だから田中雅子さんから、開口一番、

「マサさん、おめでとう、よく頑張りましたね、偉い！」

と言っていただき、この上なく嬉しかった。

ヘアメイクアップショーをメインにしたのは、さらに美容業界との距離を無くすためだった。私のショーだけでなく、これからを担うだろう資生堂の

トップ・ヘアメイクアップアーティスト七人に出てもらった。全員、ヘアメイクアップの第一線で活躍しているのだが、美容業界でもっと名を馳せるべき人たちもいたからである。私が育成した弟子のお披露目でもあった。私の五十年より、これからの五十年の方が大事なことであり、その橋渡しはできたのだろうと思った。記念の会を終えて、肩の荷が下りたという思いが多少はある。

資生堂は、化粧品を売って終わりではなく、美の提供を第一にしている会社である。私が資生堂にいて、徹底して教え込まれたことだった。美容の分野で、このことをどうお客さまに理解してもらえるか。商品を売るだけでなく、美の表現力一つひとつを提供していく。これは美容が持つソフト面の力であるわけだが、ヘアメイクアップショーを通じて、美容業界の人たちにも伝えたかった。そのことは果たせたのではないかと思っている。「マサ大竹美容活動50周年記念の会」は、私の人生の節目になった。

〝美〟とは、心が動くものでないといけない。前例が無い驚きはもちろん、刺激を与える斬新な視点が無いと〝美〟にならない。私自身、資生堂が与えてくれた課題をこなし、〝美〟を追求し、発展させてきた、という自負がある。だから、実に充実した五十年の美容師人生になった。

飽くなき美の探求　マサ大竹　自叙伝　目次

第一章

美術と美容、進路で悩んだ高校時代

美容師になろうと決めたのは、高校二年の終わり頃だった。就職案内のガイドブックが送られてきたので、パラパラめくっていたら、コラムの記事が目に入った。

「男性美容師活躍中！」

といったタイトルが付けられていたように記憶している。東京の阿佐谷で、男性の美容師が経営する店が繁盛している、という内容だった。

ちょっとした驚きだった。美容師とは、女性の職業と思っていたからだ。

小さい頃、母親に連れられて、当時は〝パーマ屋さん〟と呼ばれていた美容室に行ったことがある。私は、待合のところに置かれていた漫画を読んでいただけで、美容室がどんなところだったのか、女性ばかりがいたという印象しか残っていない。

今でこそ、男性も美容室に行くのが当たり前になったが、当時、男性が行くべきところは理容室だった。私もいつも行ったし、よく知っている世界だった。オヤジばかりの世界で、気持ちがわくわくしないところだった。

それに〝髪結いの亭主〟という言い方がある。奥さんが髪結いで、店の切り盛りもして、亭主は妻の稼ぎで遊んでばかりいる、ヒモ亭主のことだが、美容室に関わる男とはそんなものだと思い込んでいた。

その一方で、美容室は、私が男性だったからか、神秘的な世界だった、というと大袈裟かもしれないが、男性美容師募集の記事を見て、ちょっと興味が湧いた。何より、

「そうか、男も美容師になっていいんだ」

と知った。自らが美容師になることができる。ならば、よく分からないながらも美容師になりたいと思った。自分の人生を振り返ってみると〝人があまりやらないこと〟——美容師の場合〝男があまりやらないこと〟になるのだが——を率先してやってきたような気がする。資生堂に入社してからも同様だった。

一九六〇年代の中頃のこと。高校を卒業したら、自分では、美容師になろうと決めたものの、友達に打ち明けることはできなかった。さすがに恥ずかしかった。私が通った高校は、いわゆる進学校で、大学に行く者が多く、その中で、美容師の道を志したことを公表したら、奇異に受け取られると思った。

母校から美容師の道に進んだのは、私しかいないだろう。何年か前、出身高校に呼ばれたことがある。今している仕事の話をしてほしいということだった。就職ガイダンスのようなもので話をした。ほかにも、教師になった人や、医者になった人が話をした。私の話を聞いて美容師を志す人は現れなかった。

ただし、私が今校長をしている資生堂美容技術専門学校の在校生に、女性だが、私の母校の卒業生がいた。

「校長先生と同じ高校を出ています。美容学校に行ったのは私一人で、ほかはだいたい大学に進学しました」

と話してくれた。

今も昔も変わっていないということだが、私は覚悟を決めて親に打ち明けた。「美容師になりたい」などと言ったら、母親はともかく、父親からは

「そんな職業、男のやることじゃない！」

と猛反対され、

「どうしてもやりたいのなら、勘当だ！」

と怒鳴られると思った。

ところが意外な反応だった。父親は「分かった」とだけ言った。積極的に賛成はしてくれなかったが、許してくれた。私は次男坊である。家は、卸も

兼ねた駄菓子屋を営んでいたのだが、幸い四歳年上の兄がいて、継ぐことになっていたので、

「次男坊は何をしてもいい、好きな道へ進めばいい」

という考えだったのだろう。

美容師になるためには、そのための学校に通い、国家試験に合格しなければいけない。その学校はどこにあるのか。私が生まれ育ったのは、新潟県三条市だった。かつては三条鍛冶で知られ、今も包丁や工具などをつくる金物業の街だ。上越新幹線で、燕三条という駅がある。東京から行けば、終点新潟駅の一つ手前の駅になる。燕市と三条市の境にある駅だ。駅の南側が三条市になる。三条市出身の有名人というと、なんといっても、プロレスラーのジャイアント馬場さんだろう。二メートルを超える長身で、私の四歳年上の兄は見かけたことがあるとのことだった。私は一度も遭遇しなかった。

駄菓子屋は、父親が始めた店で、最初東京で店を出したのだが、大空襲にあったという話をよくしていた。母親と出会ったのも東京で、戦後三条に戻

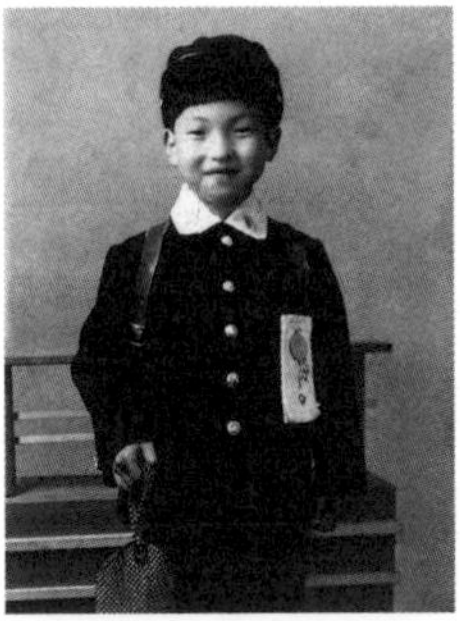

小学校入学［1955.4］

ってきた。父には兄弟が九人と多く、左官屋だったり、金物の卸をしていたり、様々だった。

美容学校は、各県に一つは必ずあった。新潟県には、実家から電車で一時間くらいかかる新潟市内にあった。でも、私はそこに行きたいとは微塵も考えなかった。地元にいて、男の子が美容学校に通っていると分かれば、近所でへんな噂になると思った。

「あの子、ちょっと変わっているんじゃない」

と言われただろう。それに、東京に出たいという思いが何よりも強かった。

実は、幼い頃から絵描きになりたいと思っていた。だから、高校二年の夏休み、美術学校の夏期講習に出た。東京にある武蔵野美術大学だった。

今に至るも、信じてもらえないかもしれないが、目立つことが嫌である。人前に出るのが苦手だ。小学校のとき、朝礼があって、みんなの前で「おはようございます」といった号令をかけることも嫌で嫌で、とてつもないプレッシャーになっていた。要するに内向的な性格で、それもあって、子どもの頃は、一人で黙々と絵を描いていた。

「絵を描いているのが好きなんだね」

と周りからも言われていた。

小学校のとき、ある展覧会に出したものが、ドイツのどこかの市の美術館主催の展覧会で入賞した。どんな絵を描いたのか、もう覚えていないが、それでドイツの人形が送られてきた。

だから、総合大学に進むのではなく、美術学校に進むことしか考えなかった。ところが、夏期講習に出た後、秋になり、涼しくなったとき、ふと我にかえったことがあった。

「お前は本当に絵の才能があるのか」

という、素朴な疑問にぶつかったのである。

絵描きというのは、藤田嗣治さんをはじめとして、フランスに渡り、成功を収めていた。当時の私は、フランスに行かなければだめなんだ、という思

高校三年生の夏。美術室にて［1966］

いしかなかった。しかし、藤田さんの絵もすぐにフランスで売れたわけではない。苦労を重ねた。ただ、自分の描く絵に自信があり、後は認めてもらえるかどうかだった。私はそこまで絵はうまくないと思っていた。自信が生まれなかった。

藤田さんは藝大（当時の「東京美術学校」）出身である。藝大は、単に絵がうまいだけでは入学できなかった。頭脳も相当に良くなくてはいけなかった。私はというと、

「算数がよくできるね」

「国語がよくできるね」

と言われたことは無かった。だから学業の成績も中の上ぐらい。美容学校に入ってからも、成績は、いつも中の上ぐらいではなかったかと思っている。

スポーツは苦手。図工の時間が好きだった。中学は美術部に入った。中学、高校は、絵の教室に通った。それでも、高校は進学校に進んだ。資生堂に入ってからも、美容の最前線にいることができた。おそらく運が良かったのだ

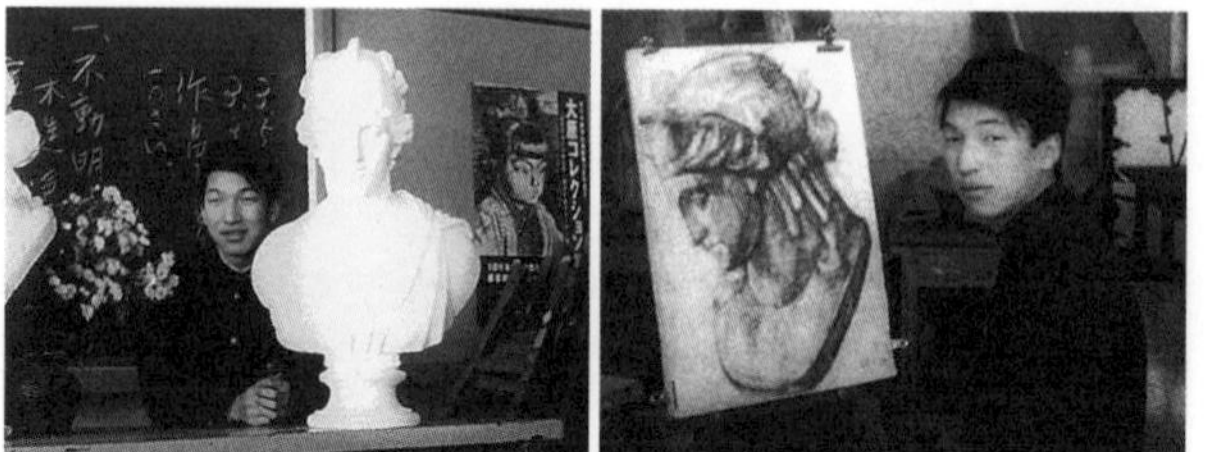

高校三年生の頃。美術室にて［1967.2］

ろう。資生堂に入ってからは、上司に恵まれた。

　実は、イラストの仕事やデザインの仕事もあったのだが、思い至らなかった。絵が好きなら、絵描きになる以外の道は無く、そのための美術学校へという道しか無いと思い込んでいた。

　イラストを知らないわけではなかった。新聞広告をよく見ていた。新潟の新聞なのに、なぜか東京の西武百貨店の広告が載っていた。山口はるみさんのイラストがいつも掲載されていた。山口さんはイラストレーターとして独立しておらず、西武百貨店の宣伝部にいた頃だと思う。イラストを見ながら、おしゃれだなあと思った。宇野亜喜良さんのイラストもどこかで見て惹かれた。イラストレーターという言葉が出始めた頃だ。今にして思えば、高校生の頃から、広告の発信力に惹かれ、後で触れるが、資生堂との出会いにもなったのだが、自分の職業にとまでは、この時点では思い至らなかった。

　学校の美術の先生になる道はあった。それは知っていた。でも、先生なんてなりたくないと思っていた。大嫌いだった。生活の安定を考えれば、美術の先生なのだが、先生という職業に魅力を感じなかった。教えるより、自分で描いていたかった。

今は美容学校の校長をしていて、その前に在籍していたビューティークリエーション研究所やビューティーサイエンス研究所では、何人もの弟子たちを育て上げたのだが、年を重ねたからできることであって、若い頃は、自分のことで精一杯だった。

高校生の頃、校長だったか、学年主任だったか、面談があった。進路に関することで、わずか数分の面談だったのだが、

「将来何になりたいか」

と聞かれて、

「芸能関係の仕事をしたい」

と返事したのを覚えている。

とっさに出たのだろう。美容師になりたいと思う前のことだ。ただ、自分でイメージしていたのは、俳優や歌手になることではなかった。舞台をつく

ったりする裏方の仕事に従事したい。それは絵描きの世界に通じるアートの世界だと思っていた。まだ絵描き志望で、芸能というより芸術の世界に進みたいと思っていたのだけれど、気恥ずかしくて「芸能」という発言をしたのかもしれない。その後、資生堂で広告の仕事に就き、芸能人、タレントとの接点もあったので、とっさに出た「芸能関係」をまっとうしたと思っている。

自分は内気で人見知りだったけれど、自分の仕事を認められたいという気持ちは、若い頃から強くあった。大勢の中にいて、その渦の中に巻き込まれていく人生にも価値はあるが、私には納得のいかないものだった。

幼い頃から東京に行く機会があった。父親が仕入れのために東京に行くとき、時折連れて行ってもらったことがあった。その頃はいつも夜行列車だった。高校生になり、夏期講習のため、東京に出たときは、特急電車が走っていて、六時間ほどで東京に行けるようになった。上越新幹線が開通したのは一九八二年で、私は資生堂の総合美容研究所の所員になっていた。

東京に出るときの父親は、スーツで山高帽のような帽子をいつも被っていた。それなりにおしゃれだったのかもしれない。朝方赤羽に着く。これが都会との出会い。仕入れ先は錦糸町だった。

新潟は、田中角栄さんのおかげで、地方では、トンネルや高速道路がいちばん早くできたところで、都市化していたはずなのだが、新潟と東京では、風土がかくも違うのかと、幼心に強く感じた。

冬になれば、空はいつもどんよりとしていて、雪が積もるのが当たり前だと思っていた。ところが冬場に東京に行くと、空が青々としていた。それもカルチャーショックだった。東京に出るために、三条駅から電車に乗り、しばらく行くと清水トンネルを通る。抜けても、まだ群馬なのだが、群馬の空も青々としていた。川端康成の『雪国』は、

「国境の長いトンネルを抜けると雪国であった」

で始まるのだけれど、私の行く道は、その逆で、

「国境の長いトンネルを抜けると空が青々としていた」

であった。別の国に来たのではと思ったほどだった。

東京は都会だからということもあったけれど、空が青々としていたので、憧れの地になった。学校は東京でなければいけなかった。

実際に、一九六七年に東京に出たのだが、一九六四年に東京オリンピックがあり、道路が整備され、東京―大阪間を新幹線が通るようになっていた。高度成長期の真っ只中で、東京での出会いのすべてが新鮮だった。東京に出てきて良かったとすぐに思ったものだ。

当時の流行歌は「東京に行って……」という歌詞ばかりだった。グループサウンズが人気を集め、長髪が流行り始めていた。

正直、東京に出た頃は、ホームシックにかかったこともあったけれど、今は東京、首都圏の人間だと思っている。古希を迎えたが、老後は故郷へ、という思いは無い。

東京の美容学校に入ろうと思ったものの、東京のどこに、どのような学校があるのか、全く知らなかった。今のようにネット検索なんてできない。そこで、地元にある本屋に行き美容系の雑誌を探した。やはり男が美容系の雑誌を手にとることは恥ずかしく、あまり人がいないときを狙って、そっと女性誌のコーナーに立ち入っていた。でも、そこにも美容学校に関する情報は掲載されていなかった。そこで、後ろのページにある編集部の連絡先をメモして、つたない字で、編集部宛に、手紙を書いた。

「美容師になりたいのです。東京の美容学校を教えてください」

というものだった。すると「奇跡が起きた」と言うと、これも大袈裟かもしれないが、しばらくして返事がきたのである。後に、私のヘアメイクアップアーティストとしての成果をまとめた『日本の美容家たち　マサ大竹』（二〇一二年六月）という本を、シリーズ第一弾として出してくれた新美容出版の編集部からだった。

編集部の手紙は親切なもので、東京の美容学校が十校ほど明記されていた。入学案内を取り寄せ子細に検討してみると、そのほとんどは中卒が条件だった。私は高校生だったわけで、そういった学校に入っても構わないが、私だけ年齢が三歳ほど上になってしまう。

高卒が条件になっていた学校は二校のみだった。一つは、これは私が東京に出てから知ったことだけれど、古くからある、業界ではよく知られた学校だった。当時の美容学校では、一番人気があり、倍率も高かった。私が美容学校の事情に精通していたら、もしかして、この学校を選んでいたかもしれない。

もう一つが、資生堂美容学校だった。資生堂という文字に馴染みがあり、この学校に惹かれた。

私には、十五歳年上と六歳年上の姉がいた。ほかに兄がいて、四人兄弟である。両親ともに商売で忙しかったから、年が離れた姉は母親代わりでよく面倒を見てくれていた。今も兄弟みんな元気に暮らしている。

二人の姉は、年頃になると化粧品店に行き出すようになる。そこで雑誌をもらってくるようになった。

『花椿』

　資生堂が出していた、当時は無料の宣伝誌だった。まだこれぞというファッション誌の無い頃で、女性たちは、化粧品店でもらうことができた『花椿』から化粧やファッションの情報を得ていた。

　男の私がじっくり読むことは無かったが、美容師になりたいと思う前から、誌面が「きれいだな」と思っていた。表紙からして鮮やかで、めくってみると、写真や絵が垢抜けていた。特に広告のページに惹かれた。まだ十八歳だった前田美波里さんのサンオイルの広告がとても印象に残っている。『花椿』を見るようになってから、資生堂の広告ポスターも目にとまるようになっていた。

　自分で言うのもなんだが、多少なりとも美術の素養があったので、その美しさや斬新でセンスの良いデザイン性によけい惹かれたのだろう。それは地方の小都市に住んでいる者たちにとって、大都会から発信されているから、東京での生活に憧れるように、いいなと思っただけではない。後で、実際に資生堂の広告の仕事をするようになり、肌で感じたことだが、広告写真としても飛び抜けていた。まさにプロフェッショナルの仕事だった。『花椿』で仕事をする機会も得たのだが、私がしてきた仕事の中では、一番の楽しい仕事になった。

入学時の資生堂美容学校のポスターは、今でも鮮明に覚えている。

「美容のエキスパートになりませんか」

というキャッチコピーで、白衣を着た女性がいる。一般のポスターに比べても、はるかに洗練されていた。資生堂という会社を『花椿』を通して知っていたことと、学校の宣伝ポスターに惹かれた。だから、資生堂美容学校を受けようと決めた。

実は資生堂美容学校と古くからある有名校は、受験日が同じだった。だからどちらかを選択しなければいけなかった。迷うことなく、資生堂美容学校を受験し、合格した。ある程度の競争もあり、落ちた人もいたと聞いている。

化粧品メーカーの資生堂が、なぜ美容師育成の学校をつくったのか。プロフェッショナル向けの商品は出していたが、決して主力ではなかった。

渋谷に「東急文化会館」という建物があった。今は「渋谷ヒカリエ」に生まれ変わっているが、その東急文化会館がオープンしたとき、資生堂は美容室を置いた。東急系の百貨店に資生堂が出店していて、その縁で話が来た。東急文化会館というと、五島プラネタリウムが有名で、ほかにはいくつかの映画館があったところだが、オープン当初は結婚式場と資生堂の美容室が目玉だった。

一九五六年、東洋一の美容室として資生堂美容室がオープンした。美容師を九十人募集したら、なんと千人もの応募があったので、当時大きな話題にもなった。といっても、優秀な人ばかりではなく、寄せ集めになってしまった。資生堂としては、資生堂式美容法の普及が目的だったのに、それに応えてくれる美容師ばかりではなかった。それぞれが、それまでいた職場で得た技術でサービスを提供した。資生堂美容室の特徴は、ヘアだけではなく、当時としてはまだ珍しかったエステ、メイクアップもやっていたし、会館内には結婚式場があることもあり、着付けもしていた。トータルビューティーサロンの先駆けになった。「これが資生堂式だ」という技術を、まずスタッフである美容師に浸透させることが急務になった。と同時に、寄せ集めではなく、自ら資生堂式美容法を体得しているスタッフを育てようということで、美容学校の開設になった。一九五九年のことだ。

初代校長は、藤原あきさん。年配の方は記憶にあるだろう。ＮＨＫの人気番組『私の秘密』のレギュラー回答者として人気が出た。司会は高橋圭三さんで、国会の証人喚問で誰だったか「事実は小説より奇なり」と発言していたが、この番組の冒頭で高橋さんは決まり文句として言っていた。藤原さんは、この番組に出たときは、資生堂の美容部長をしていて、美容学校の校長になった後、参議院議員にもなった。私が入学した一九六七年当時も校長だったのだが、その年の八月に亡くなった。

後を継いで資生堂美容学校の校長に就任したのが、高賀富士子さん。今の私があるのは高賀さんに鍛えられたことによる。文字通り、人生の師だ。

第二章　人生の師・高賀冨士子との出会い

私は資生堂美容学校の九期生。学校では二年前から男子を入れていた。後で聞いた話だが、それまで美容師は女性の職業だと、資生堂も思っていたようだ。私自身も不安だった。入学式で、男は自分一人だったらどうしようと。思ったよりはいた。全員で約二百人、うち十五、六人が男だった。入学式、ほっとしたのを今も覚えている。

女性はというと、化粧品店の娘さんが多かった。中には、

「自分が美しくなるためのチャームスクールだと思っていたら、美容師にな

るための学校なのね」

など と、屈託なく言う人もいた。全体にのほほんとしていた。でも、途中で辞める人はいなかった。それなりにみんな真剣に学んだ。

学校に入れたのは、男だったからかもしれない。当時の美容業界で、私より十五歳ほど上の年代に、有名な男性美容師が何人かいた。皆さん優秀で、だから業界では男性美容師が注目されるようになっていた。今思えば、資生堂でも男性美容師を育てていこうという機運が生れていたのだろう。

入学式は学ランを着て出席した。高校のときの制服。何人かは学ランだった。東京育ちはジャケットを着ていて、東京の人はすごいなと思った。女性で制服を着ていた人がいたかどうかは記憶に無い。

別に学ランを着ていたからといって、ほかに外向きの正装用の服が無かっただけのことで、おしゃれに関心が無いわけではなかった。

子どもの頃から、こだわりがあった。着るものを母親が買ってくれたのだが、これはいい、これは嫌だと、はっきり言っていた記憶がある。親が買ってくれたものなら何でも着るという子どもではなく、ずいぶんと困らせたと思う。

よく覚えているのは、小学生のときも制服だったのだが、ボロボロになってきたので、新しいのを買ってもらうことになった。母親が買ってきたのは、着るとゴワゴワな感じがした。値段が安かったからだろうが、私は着ようとはしなかった。ウールや化学繊維が入っているものは、着心地がしなやかな感じがした。しなやかでなければ、私のプライドが許さなかった。店と交渉して交換したのかは記憶に残っていないが、結局ウール系のものを新しく買ってもらったのだ。

上の姉がセーターを編んでくれたことがある。薄いグリーンの濃淡の模様になっていて、手編みゆえ、糸が太く、ざっくりしたセーターだった。私のお気に入りになった。小学校の三年か四年生。そのセーターを初めて着て登校すると、朝の朝礼のときに女の先生が、みんなの前で、

「今日は新しいセーターを着ているのね。とても似合っているわ」

と褒めてくれた。とても嬉しかったことを鮮明に覚えている。

美容学校に入学したら、東京にいるのだし、おしゃれをしたくなるものだが、思う存分にはできなかった。お金が無かったからだ。男の子が着るものは、VANのシャツがブームになっていた。東京出身者はおしゃれだった。秋・冬は、三つボタンのジャケットを羽織り、夏は背中に「VAN」とロゴが入っているシャツを着て、コットンパンツ。髪は短く、七三分け、そしてわが資生堂のMG5をつけて、清潔感を強調。アイビールックで身を固めていた。

でも、私にとってはVANのシャツはちょっぴり高級品だった。だからといって、ジーンズだとカジュアル過ぎて受け入れることができず、アイビーもどきの格好をしていた。Taka-Q、三峰といった店での買い物が多かった。学校があった十条から近い池袋、新宿が馴染みの繁華街だったが、服は新宿で買うことが多かった。池袋は今のような街ではなく、若者向けの店が少なかったように思う。

学校の近くのアパートを借りた。わずか三畳の部屋。家賃三千円。トイレ、台所は共同。木造のアパートに入ると、玄関で靴を脱がなければならず、廊下があり、その両側に部屋があった。今は姿を消してしまったが、昭和の時代らしい下宿形式だった。

共同の台所で、食事をつくった記憶は無い。朝は食べず、昼は学食、夜は十条の定食屋だった。東京に出てきて、初めて食べて、こんなおいしいものがあるのかと思ったのが、餃子。ラー油をつけて食べたのも初めてだった。田舎には無かったものだ。その餃子の店はもう無くなってしまったが、私が学生時代の頃から続いている定食屋が十条銀座にまだある。牛肉は東京に出てから食べるようになった。三条市にも肉屋はあったけれど、戦後の子供時代に食べたのは主に豚肉や鶏肉が中心。海が近かったから、魚ばかりを食べていたような気がする。

男子学生は、人数が少ないこともあって、すぐに仲良くなった。入り浸っていたのが、女子寮の管理人さんの部屋。女子寮の入口のところにあり、そ

友人とアパートで練習［1967.5］

こから奥に入ることは、どんなに関心があっても、ご法度だった。もしかして、奥に入り込んだ男子学生がいたのかもしれないが、少なくとも私は、管理人の部屋止まりだった。

九州出身の管理人・伊藤さんが、とても世話好きの人で、食事をごちそうになったこともある。私にとっては、癒しの場になった。男子学生が入学するようになってから、溜り場になったとのことだ。ちなみに男子寮は無かった。

男子学生は、みんなたいした成績ではなかった。学生二百人の成績は、テストが終わると、成績順に張り出されていた。上位は、すべて女性だった。私にしても、いつも通りの成績で、中の上ぐらいだった。

苦労したのが実技試験。今はモデルウィッグでやるが、私が学生だった頃は、例えばピンカールの試験は、生身の人間でなければならなかった。

女子学生は、それぞれが互いにモデル役を務めた。だから、モデルを用意する必要がなく、楽な面もあったのだが、みんな同じ髪型にしていなければならなかった。試験の公平性が保てなかったからだ。年頃の女性なのだから、自分の好きな髪型があったはずなのに、そうすることは許されなかった。

男子学生は、モデルを探さなければならなかった。学校は、

「身内を連れてきなさい」

と言うだけ。男子の半分以上が私と同じ地方出身者だった。東京に親戚もおらず、途方に暮れた。

仲間の誰かが、学校の近くにあった国鉄（現・JR）の宿舎のおばさんと仲良くなり、試験があるとモデルとして何人かに来てもらっていた。どうやって、国鉄のおばさんと仲良くなったのか、私には皆目見当のつかないことだったが、ありがたかった。お礼に、何百円だかを払っていた。

高校時代の友人とは、東京に出てからも会っていた。ほとんどが大学に進んでいた。

「美容学校に入った」

伊豆修学旅行。担任の石塚先生と［1967.10］

校庭で級友たちと［1967.6］

と打ち明けると、友人たちは、最初は「へぇーっ」と驚いた様子だったが、すぐに受け入れてくれた。

「そういえばお前、絵がうまかったものな」

と納得してくれたからだ。

こちらも、都会にいるとふっ切れて、隠すようなことではないと思うことができた。三条市であれば、隣近所は、みんな知っている人ばかりだけれど、東京は、歩いていても知らない人ばかり。人目を気にする必要がなく、私にとっては住み心地のいい世界だった。

先日、高校時代の同級会があって、箱根の旅館で一泊した。私は幹事の一人だった。四年に一回の割合でしている。途中、とても忙しい時期があって、海外出張も多く、出たくとも出られないときもあったのだが、最近は足を運んでいる。

工務店をやっている同級生がいて、美容室の建て替えもやっている。ある美容室の工事をしていたとき、店主との雑談になり、

美容学校の屋上にて［1967.10］

「マサ大竹って知っていますか？」

と聞いたら、

「超有名人よ。知っているわ」

との返事で
「俺の友達なんだ」

と鼻高々になったという話をしてくれた。

そして、私のことが掲載されている雑誌記事を鞄から出して、みんなに見せていた。その美容室でもらったそうだ。

「おまえ、凄いな」

とその友人から言われて、正直とても嬉しかった。同級生で記事になるのは、私ぐらいだろう。念のために申し添えておくが、私の同級生で、悪いことをして記事になったものは一人もいない。学校では目立たない、成績も中の上程度のものが、業界内でそれなりの著名人になり、新聞や雑誌で取り上げられるのだから、同級生たちにとっては、意外過ぎることだったかもしれない。

美容師を養成するための学校に入ったのだから、当然将来は街の美容室に勤めるものだと思っていた。その先のことなんて、全く考えていなかった。その先とは、自分で店を持つ、それは都会の店か、地方都市や地元の店かといったことだ。

ところが、一年間美容学校に行きながら、行先はそれだけではないことを知った。資生堂の美容学校だったから得られた情報だった。

私が美容学校にいた時代も、資生堂は前田美波里さんや多くのハーフモデルを起用し、宣伝ポスターやテレビCMが制作されていた。一流の制作スタッフでつくられていた。私は、それらを素晴らしいと思った。

何よりの情報は、メイクやヘアスタイルを担当しているのが、資生堂美容技術研究所に所属する所員だということを知ったことだ。付属の美容室があり、そこでインターンをすることで、所員になれるとのことだった。だから、スタッフたちは、美容師の資格を持っている人たちであることも知った。

学校に通った後、美容室でインターンを行い、国家試験を受け、合格すれば美容師になれる、というのが一般的なコースだった。もしも、美容技術研究所のインターンになれば、国家試験の合格後に付属美容室に勤務することもできるし、将来は資生堂の広告制作のスタッフになることもできる。私は、資生堂の広告に憧れていたのだが、そこで仕事ができるなんて、夢のような話だと思い続けていた。それが目の前に、その道が広がっていた。私としては、広告の道に進みたいと思うようになった。

そこで、美容技術研究所付属美容室のインターンになりたいと志願した。今は厳格な試験があるのだが、当時は学校推薦で決めていた。学校内で校長の次に威厳のある教頭との怖い面接があって、もちろん希望通りにならないこともあるのだが、運よく付属美容室のインターンになることができた。一九六八年の四月から一年間である。

なぜ私の希望が叶ったのか。別にいい成績ではなかった。要するに中の上ぐらいだった。技術力が優れているわけではなく、センスを評価されたわけでもなかったと思う。「あなたの作品は素晴らしい」「可能性あるわよ」なんて言われたことは学生時代には無かった。ただ学校では、先生の言うことを素直に聞く生徒で、先生の覚えは良かったと思う。反抗も無茶もしない、「真面目だね」

とばかり言われていた。おそらく扱いやすかったから選ばれた、それしか思い至らない。強いて挙げれば、私の内面にあった直《ひた》向きな熱意を感じ取ってくれたのか。何事にも一生懸命取り組み、邪念が無いことも評価してくれたのかもしれない。邪念とも言えないが、例えば、女性に接したいために美容師の道を選んだ者もいたからだ。

インターンというのは普通、まずは美容室で掃除から始めて、せいぜいシャンプーをやらせてもらえる程度。いわゆる下働きでしかなかった。場合によっては、経営者の子守りをやらされることも多かった。まだまだ徒弟制度がしっかりあって、人を育てようといった考えが少なかった。ただ、国家試験で資格を得るためには、まずインターンを経験しなければいけなかったので、避けて通れなかっただけだ。

どこの美容室でも良かった。資生堂美容学校の卒業生は、全国各地にあった資生堂美容室にインターンに行くのがほとんどだった。そこはほかの個人の美容室と変わることなく、掃除から始まった。違いは、子守りが無かったことぐらいだろう。

美容技術研究所の付属美容室には、同期から男は私ともう一人、女性は四人採用された。

ところが、そこのシステムは、一年の勤務で三年分ぐらいの技術を身に付けさせる、というものだった。シャンプーだけでなく、カットも毛染めもパーマもやった。エリート育成方式だった。普通は、お客さまをとるようになるには三年から五年かかるとされていたのだが、インターンを終えて国家試験に合格した時点で三年分の技術を習得しているのだから、すぐに客がとれるという考えだった。

店は証券業の街として知られる茅場町にあり、予約を受けるのは月一回。予約日は、朝の八時半から受付開始で、美容室の前に並ぶ人もいれば、電話でも受け付けていた。並んでいる人たちからはクレームが入ったりした。朝から並んでいるのだから、電話より私たちを優先しなさいとのことだった。どう処理していたのかは覚えていないが、たった一日で一ヵ月分がいっぱいになった。

料金が安かったから、予約が殺到した。パーマは世間相場で二、三千円していたのに、ここでは七百円でかけられた。キャンセルも無い。ただ、ほとんどが下町のおばちゃんばかりで、若いおしゃれな女性たちはさすがに来なかった。国家試験を通っていない美容師の卵の実験台になることが分かっていたからだ。

もちろん、監督する者はいた。私たちがカットを終えると、

「先生」

と監督者に声をかけ、

「これでいいですか」

と見てもらい、左右のバランスが悪ければ直してもらったり、パーマをかけ直してもらったりしながら次に進むということになっていたので、時間ばかりがかかった。監督者から、すぐに

「よし、これでいい」

と声がかかることはまず無く、

「ここがおかしい、もっとここにボリュームをつけるように」

と直されることの方が多かった。

パーマをかけたのに、家に帰って髪を洗ったら、ばさばさになってしまい、

「パーマをかけ直して」

などというクレームが来ることは、それこそ日常茶飯事だった。

アミカーラーを巻いてセットして、三十分ドライヤーを入れる。アシスタントがいないのだから、全部自分でやる。コールドパーマをかけると、1液

と2液の処理の間、放置時間ができる。この間に次の客をやる。今から思うと、二番目のお客さまはいい迷惑だったと思う。空いた時間にやっているのだから、技術の未熟がより際立つ。

サスーンカットはまだ無かった。ブローすることもなく、皆さん、自宅でもアミカーラーを巻いて、セットして、寝るときもそのままで寝てくださいという時代だった。漫画の『サザエさん』を見ると、寝る前、頭にアミカーラーを巻いている、あの姿だ。

四月に入所して、ほぼひと月は練習をして、五月の連休明けから予約をとるようになっていた。一日に三、四人の客を相手にしていた。ヘアダイ（染毛剤）の時代で、ほとんど白髪染め。週に何回だったか、カーテンで仕切られた二階の個室で、顔のマッサージも担当した。メイクの練習も、少しだけだがやった。

インターンの一年間、それで実力がついたとは、正直言えなかったけれど、接客法や度胸は身に付いたと思う。

資生堂美容学校の二代目校長、高賀冨士子さんは、私がインターンをした資生堂美容技術研究所の所長も兼務していた。高賀さんが私を抜擢したのかどうかは定かではない。美容技術研究所付属美容室に入るための試験は無かった。美容学校の先生たちで決めていた。だから高賀さんも賛成はしたのかもしれない。でも、私のことをどこまで把握していたのか。高賀さんと面談した記憶が無いのだ。教頭とは面談をした。高賀さんは、美容学校では、上の上にいる人だった。

それは、資生堂美容技術研究所に入ってからも変わらなかった。雲の上の存在なのだが、インターン生は、高賀さんと「交換日記」をすることになり、接点が生まれた。実際には会えない人なのに、身近に感じられるようになった。

インターン生は、日報を毎日提出しなければいけなかった。Ｂ５の大学ノートに、その日学んだことや感じたことなどを書いて出していた。すると、翌日の昼には必ず戻ってくる。そこには緑のサインペンで、高賀さんのコメントが書いてあった。書いていない日は無かった。日々忙しくされていたはずなのに、欠かさなかった。

だいぶ後になり、聞かされることになる。

「出勤のとき、赤信号になるでしょう。そんなときに、あなた方の日報を読んでいたの」

高賀さんは、自分で車を運転していた。忙しかったから、赤信号のときにしか、読む時間が取れなかったということなのだが、日報に気を取られて、運転ミスでもしたら、大変なことになっていたかもしれず、何事も無く、ほんとうに良かった。

コメントを通じて、お客さまへの対応、言葉遣いや態度について、私は〝ため口〟を言ったことは無かったと思うのだが、それと受け取られないような、ちょっとした語尾の表現の仕方といったことも教わった。文章の書き方も含めて、事細かく注意を受けることが多かった。おかげで、田舎から出てきた、

それも高校しか出ていない若造が、言葉の使い方を学ぶことができた。今でこそ、

「マナーや挨拶が大切です」

なんて、学生たちに口酸っぱく言っているけれど、当時は、言葉の使い方や、挨拶の仕方なんて、分かっていなかった。美容師としての技術習得ばかりに必死だったからだ。実は学校の授業でも習わなかったことで、重点が置かれていなかった。要するに国家試験に受かるための授業ばかりだった。

高賀さんの緑のサインペンのコメントで褒められたことは無かった。ひたすら〝人となり〟をどうすべきかを教わった。技術的にどうのこうのよりも、人として、こうありなさいといった指摘の方が多かった。美容師として、かつ社会人、企業人として、どうあるべきか、心構えを植え付けてくれた。

「大竹さんは謙虚ですね」

と言われることが多い。これも高賀さんに徹底して教えられたことだ。だから、ステレオタイプの職人気質を持たずに済んだ。

緑のサインペンの文字が入ったノートは、四、五冊ぐらいにはなったはずだ。インターン後も続けていて、都合二年ほどの「交換日記」になった。今となればとっておくべきだったと思うのだが、四十代で引っ越しをしたときに整理してしまった。当時は、自分の過去や歴史を人に話したり、伝えたりすることなどあり得ないだろうと思っていた。しかし、一番大事なものを無くしてしまったと、今は、とても後悔している。

高賀さんはもともと栄養士で、才女だった。私より二十四歳年上で、男社会の中で女性が相応に生きていくためにはどうすればいいのか、を常に自覚しながら突っ走ってきた人だ。生涯独身を通した。

女性が職を持つとしたら、それも自立するためには、栄養士か美容師しか無いと言われて、両方の資格をとったとのこと。結局、美容師の道を選び、進駐軍の美容室に勤めたり、大阪高島屋の美容室の主任をしたりした。そして資生堂に請われて、入社した。資生堂には、美容師はまだそんなにいなかった。『花椿』の美容記事を書いたり、ヘアメイクを担当したりしていた。一九五六年、東急文化会館に資生堂美容室がオープンしたとき、技術主任になり店長を任された。その後、美容技術研究所の初代所長になった。

資生堂の中で皮切りのことばかりをやってきた人だ。私が美容技術研究所に入ったときは、技術的なアドバイスや、マネジメントと人材育成を中心に担当。さらに商品開発の最終チェックである、使用感触を確かめる「官能検査」を高賀さんが担っていた。極端に言えば、高賀さんが納得しない商品は世に出ないことになる。

「私は、研究所のトップの人間と犬猿の仲で、石を投げられそうなことも、しょっちゅうだったわ」

と後年、笑っていた。高賀さんは一切の妥協をしなかった。ダメなものはダメ、だった。おかげで、資生堂からは、売れる、売れないは別として、質の良い商品しか出なかった。それが資生堂の業界トップの座の維持につながったのだと思う。

高賀さんは一言で言えば、怖い人。いつだって、怖かった。仕事に対する揺るぎない信念を持ち、いつも凛としていた。男性に対しても、女性に対しても、滅多に柔和な表情なんて見せなかった。厳格さ、怖さしか無い。高賀さんの前では、私たちは直立不動だった。高賀さんに呼ばれて部屋に入った女性美容師の先輩社員が泣いて出てくるということが、よくあった。会社の偉い人たちにとっても怖い人だった。官能検査で妥協をしなかったのだから。高賀さんに代わる人材は、なかなか出て来ないだろう。それほど稀有な人だった。若い頃には怖さやストイックさばかりを感じていた。高賀さんの人間的な優しさや温かみを理解できたのは、後年、私も管理職となり親しく話すようになってからだ。

自分のポリシーをしっかり持っていた。部下に対する指導や育成も、後々になって分かったことだが、相当に考えていた。そうでないと、兵隊のひよっ子でしかない私たちと「交換日記」なんてしないだろう。とにかく仕事漬けの人だった。

仕事をしっかりすれば、認めてくれた。だいぶ後の話だが、美容室に飾るヘアスタイルの写真を私たちが制作していたことがある。責任者が高賀さんだった。写真を撮影する前にデッサンを見せる。緊張の連続だった。すぐに許可が出ないからだ。所長室に入った私たちが直立不動でデッサンを見せたとたん、

「ダメ」

と言う。一瞬見ただけで判断する。それが何度か続く。どうダメなのかは言わない。何度目かでオーケーが出る。まさに怖い人でしかなかった。

当時、私たちは茅場町にいて、高賀さんは銀座の並木通りにあった本社にいた。電車利用の方が時間がかかる距離だったので、タクシーで移動していた。いつだったか、「ダメ」と言った後、

「あなた方はここまで来るタクシー代のことを考えなさい、無駄なことばかりして」

とまで言われたこともある。

高賀先生とドイツにて（左はICD世界大会）［1988.5］

三年後、五反田に移ってからは、同じ建物にいるようになり、前ほどは怒られなくなった。こちらも要領を覚えたからかもしれないが、あるとき、撮影後のヘアスタイル写真を三枚ほど見せて、高賀さんが、

「これね」

と選んだ。そのとき思わず、

「すみません、こちらの方がいいと、私は思うのですが」

と言ってしまった。一瞬心の中で、〝お前は反抗したんだ、こっぴどく叱られるぞ〟と、恐怖感がもたげたのだが、

「あなたがそう思うのなら、いいわよ」

とあっけなく言ってくれた。以来私のことを怒ることや注文を付けることは一切なかった。

〝おとなしい子が自分の意思をやっと出してくれた〟

と内心嬉しかったのかもしれない。

その後、高賀さんは役員になる。資生堂の女性の役員は初めてだった。ま

だ男社会だったのだろう、実際は資生堂で初めて設けられた役員待遇で、それほど高賀さんの社への貢献度は高かったということだ。二〇一二年十一月、亡くなる。八十八歳だった。亡くなる何年か前、資生堂で、高賀さんにインタビューしたビデオテープが残っている。そこにいる高賀さんは、怖さが全く無い、親しみやすいおばあちゃんだった。生涯独身を通したこともあり、早くにご両親、そして数年前にお姉さんを亡くされ、身寄りも無く、全財産を自ら生前（一九九一年）に設立した「公益信託　高賀冨士子記念美容文化振興基金（高賀基金）」に寄付した。若い学生たちの励みと育成になるよう、高賀基金で表彰し、奨励金を支援する活動を今年で二十八年にわたり続けている。最近はフォトコンテストもしている。この基金の運営委員長は私が引き受けている。

私は一年間のインターンを終えた後、進路を考えなくてはいけなかった。資生堂美容技術研究所でインターンをした同期は、六人。うち男は私ともう

渋谷MASAにて高賀先生と
［1998.4］

高賀先生、来日したラムステン氏と
［1992.4］

一人。美容学校時代からもっとも仲が良かった化粧品店の息子で、美容師免許を取ったのに、店を継いで経営者になった。

女性四人のうち、消息が分かっているのは二人。一人は同期生同士で結婚して、夫が千葉で化粧品店を継ぐことになり、今もその店を夫婦で経営している。

もう一人は、資生堂美容技術研究所に残りたいと手を挙げた。美容学校の教師になり、しばらくして、パリ、ロンドンに移り住んだ。フランス人と結婚。その後、美容ジャーナリストになり、美容雑誌の海外リポートを執筆していた。今は七十歳を超え、現役を退いた。何年か前、彼女が集めた資料を私に送ってきたことがある。

「もう私は使いません。でも捨てるのはもったいないと思い、あなたに送ります」

ということだった。

私も美容技術研究所に残りたいと希望を出した。

「広告の仕事をしたいのです。学生時代は美術部にいて、絵を描くことが好きだったし、うまいと褒められたこともあります。広告の仕事で活かしたいのです」

ぐらいのことは面談で言ったはずだ。功を奏したのか、美容技術研究所に運良く残ることができた。

インターンのときに初めて給料なるものをもらった。月九千円。インターンを終えた後、国家試験を受け、難無く合格、美容師の資格を得た。美容技術研究所の所員になり、給料は一万円台になった。でも世間一般の同年代の給料よりは低かったはずだ。まだ資生堂の正式な社員としては認めてもらえず、国家試験の免許を受け取る八月までは仮採用で、その後もらった辞令には「常勤嘱託」とあった。社員になった辞令を私は記憶していない。私自身はいつのまにか社員になっていたという意識しか持てなかった。

給料をもらえるようになったので、自分なりの贅沢はするようになった。仲間とお酒を飲みに行くようになったし、当時はディスコの時代で、新宿歌

美容師免許証
本籍地 新潟県
大竹政義
昭和二十三年四月六日生
美容師法（昭和三十二年法律第百六十三号）により美容師の免許を与えるよってこの証を交付する
昭和四十四年七月十日
東京都知事 美濃部亮吉
第六一四四四号

美容師免許取得［1969.7.10］

舞伎町のディスコに行くようになった。店の名前まではもう覚えていないが、地下の店で、鏡が一面に張ってあり、その前にみんなが並んで、ステップを踏んでいた。

最初、広告の仕事はさせてもらえなかった。美容技術研究所には普及グループと製品グループ、教育グループがあった。普及グループが広告を担当していた。製品グループは製品の官能検査を担当。教育グループは付属美容室を運営していた。私は教育グループに配属された。

それでも、何事も逆らわない性格なので、教育グループの仕事に満足し始めていく。一年前の自分がインターン生として教育を受けていた付属美容室で、後輩たちに技術指導をするのが仕事だった。自分は美容学校を出て、年月は経っていなかったのだから、たいした技術を習得していなかったのに、資生堂という大きな傘の下で、自分は技術指導ができると勘違いしていて、それなりの優越感に浸っていた。自分が偉くなったような気まで持ち始めていた。つまり、胡坐をかきそうになっていた。

　そんなときに高賀さんに呼ばれた。資生堂は規模としては小さかったかもしれないが、プロフェッショナル用の商品を出し始め、高賀さんが管轄していた。美容室の責任者でもあったから、美容業界に対する発信力、影響力を高めようと考えていた。

　所長室に入り、直立不動になると、高賀さんは、手短に言い放った。

「あなたヘアコンテストに出なさい」

と。私が二十一歳のときだった。資生堂の代表として出場しなさいということだった。こう言われて、最初は、新しい仕事がきたぐらいにしか思わなかったし、私が選ばれ、嬉しかったという思いしかなかった。それが次第に緊張に変わっていく。

第三章　資生堂の代表として世界を駆け回る

ヘアコンテストには、それまでも先輩たちが出ていたものと思い込み、実績を調べようとしたら、私が初めての参加だった。それまで参加を打診された人はいたようだが、コンテストに出て、外部美容室の美容師と競いたいという人がいなかったのだろう。

冷静になってみると、コンテストに出るということが、本来は私の苦手な分野だったことに気が付いた。生来のあがり症で、人見知り。幼い頃から人前に出るのが嫌だった私が、公衆の面前で技術を披露しなくてはいけなくなったのだ。

技術にしても、私はたいしたことがなかった。コンテストの舞台では、緊張するばかりで、大事なピンがあるはずなのに見当たらない。それだけでもうパニックになってしまった。終わって、舞台の袖に下がると、いつも使っているトレーの中にあった。コンテストは、そんなレベルからのスタートだった。だから出ると負けてばかりだった。

それでも、場数を踏んだことで、地ならしができた。引っ込み思案だったのに、少しずつ慣れてきた。そのうち、入賞する人がどんなことをしているのか、作品の傾向を目で盗んで、あるいは写真を撮って、後でそれを見ながら、どうすればいいのか考えるようになった。ここを取り入れよう、と決めたりした。

夕方、通常の仕事が終わってから、あるいは休みの日も、自分なりの傾向と対策を考えるようになっていった。資生堂では初めてのことだったので、先輩に聞く、教えてもらうということができなかった。自分の目で盗むしかなかった。そして、これは資生堂にいたおかげなのだが、ファッション誌、美容誌を穴があくほど見て、欧米のファッションや美容から刺激を受けた。

インターンをしていたときから、会議室兼図書室のような部屋に入り浸るようになっていた。そこには『VOGUE』や『ELLE』といった海外誌が何年か分、合本になったものが置かれていたからだ。一ヵ月遅れだったかの『VOGUE』や『ELLE』が、おそらく銀座の近藤書店を通してだろうが送られてきた。今では、大きな書店やECサイトを通じて結構安く手に入れることができるだろう。当時は入手方法さえ分からず、入手できても、相当に高価なものだった。それを資生堂にいたから無料で見ること、読むことができたのだ。

江戸時代に鎖国をしていたときの出島のような役割を、資生堂の図書室は果たしていたということだ。海外のファッション誌は見事に洗練されていた。一ページ、一ページの紙面構成、写真に見入ってしまった。クオリティの高い作品ばかりだった。

最初は見入るばかりだったのが、日本の雑誌と何が違うのかな、と分析するようになっていった。もちろん、金髪のモデルがきれいだというのはあるのだけれど、ヘアの技術、メイクの技術が優れていた。いつしか全体に漂う空気感が違う、と思うようになり、それが表現力であり、感性なのだと気が付いた。

〝感性って何だろう、センスと言った方がいいかもしれないな。感性によって、一枚の写真がかくも大きく変わるんだな、すごいなぁ、日本との表現力の差だな〟

と感嘆した。この環境が、美容師になる道から、このまま資生堂にいたいと思うようになったきっかけにもなっている。以来、時間があると、海外のファッション誌を見るようになった。

コンテストに出るようになり、いっそう外国のファッション誌を見るようになった。日本の美容雑誌のページも見るようになり、この作品は○、これは×、これは△と付けていった。自分なりの判断力、審美眼を養うためだ。

そこには有名なヘアデザイナーから新人のヘアデザイナーの作品もあるのだが、有名な人の作品にも、必ずしもいいと思えないものもあった。

コンテストで入賞するためには、有名なヘアデザイナーの技術を受け継ぐことが勝負だとされていた。だから名の通った美容師のところで教わらなくてはダメだ、という通説さえあった。派閥みたいなものがあり、どこの派閥に所属するかが肝心だという声も聞こえてきたほどだ。

私は、どの派閥にも属していなかった。属したくとも属すことができなかった。資生堂の代表でもあり、私が初めて参加するのだから、派閥をつくろうにも、先輩も同期も後輩もいなかった。それはそれで良かったと思う。先輩や派閥の長がいて、こうしなさい、ああしなさいと言われていたら、私はどこかでコンテストに出ることを断念していたかもしれない。私自身、派閥をつくる気は無かった。私は私でしかなかった。

自分で考えてやらざるを得なかったのだが、それが結果として良かった。何度かコンテストに参加していくうちに、自分で考え、試みたものが認められ、入賞するようになった。準優勝したぐらいのときに、自分のスタイルはこれだ、というものを摑むことができた。

とにかく自分の感性で勝負したかった。コンテストでは、当時のヘアデザインの主流であったウェーブのスタイルをどのように構成するかが勝負だったのだが、自分なりのセンス、感性でつくることを心掛けていた。絵を好んで描いていた十代のときからそうだった。技術を磨くことも大事なことだけれど、感性をどう養っていくかが大事だった。地方に生まれて、地方で育った私は、もともと感性が優れていたわけではない。ただ〝美〟に対する興味があったので、感性を大切にしたかった。

その自分なりの感性を大いに養ってくれたのが、外国のファッション誌との出会いだった。ここで得られた感性が、私の強みにもなっていったのだと思う。当時の日本の美容業界は、まだ海外の潮流を意識する人が少なかった。自分の意識、感性は、それとは違う、と思えるようになり、プライドになった。

コンテストでは、メイクもやらなければいけなかった。私自身、男なので、今と違って自分の顔で化粧の練習をしたことが無い。美容学校でもメイクの授業は花嫁用の白塗りの化粧くらいだった。インターンの頃、練習会があった程度だった。月に一回ぐらいあり、女性所員にモデルになってもらい、練習していた。先輩からはアドバイスしてもらえた。だから最初メイクは見様見真似でしかなかった。口紅など、ガタガタした線しか引けなかった。ヘアメイクアップアーティストとしてスタートし始めた頃、私が施したメイクでは満足しなかったのか、モデルがやり直すなんていうこともあったほどだ。モデルは一流になればなるほど、自分を美しく見せる術を知っている。しばらくの間、モデルにメイクを直されることがあったものの、コンテストの場数をこなすと、メイク技術は及第点になっていった。もちろん、そのレベルで満足しなかった。次第にメイクは奥が深いと強く思うようになった。

今、学生たちに、

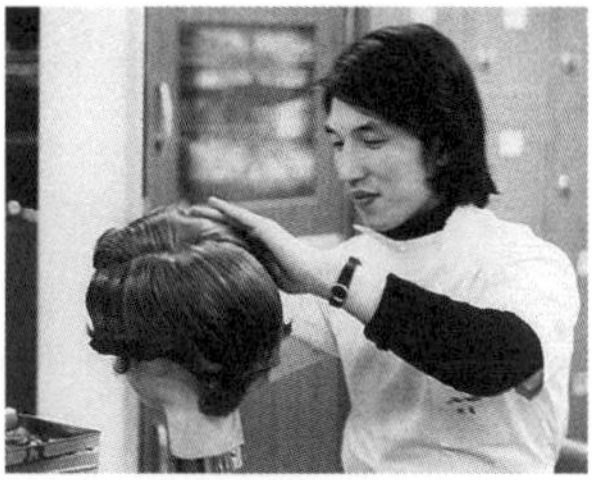
コンテスト練習［1971.9］

「美しさは一つではない」

とよく言うのだが、意味するところは、メイクをしていて、これで完璧という自己満足は不要で、モデルが、

「すごくいいわ」

と、お世辞ではなく本音で言ってくれるようにならなければいけない。それほど高い目標を立てて、実現すること。それしか一流の技術を身に付ける方法が無い。

メイクアップをこなせるようになったので、広告の世界に進めたのかもしれない。男である私が、メイクアップ、化粧を施せるようになれたのは、小さい頃から絵を描くのが得意で、自分なりの美意識があったことと、手先が器用だったからだと思っている。

ハサミで紙を切って、何か人物とか、動物とかの形にしたりするのが、得意だった。短時間で完成させるので、親から感心された。そこで母親から、

「お前は手先が器用なんだから、時計屋に修行に行きなさい」

と言われたことがある。昔は時計屋というと、時計を売るだけでなく、修理もしてくれた。時計という精密機械の修理だから、細かい作業になり、手先が器用でないと務まらない。母親は、私に向いていると思ったのだろう。何より、手に職をつけることになる。

でも、私は「ノー」だった。なぜかというと機械が嫌いだった。プラモデルぐらいはつくったけれど、レーシングカーのような、ペンチなどを使って組み立てるものに興味が湧かなかった。それに金属的なものがダメだった。時計屋修行には行かなかったが、ヘアメイクアップアーティストになり、手に職をつけることはできたから、母親の目論見は外れなかった。

二十一歳でコンテストに参加して、何年か後、地区大会で優勝、続いて全国大会で準優勝。二十五歳のときに優勝、日本代表となって、ニューヨークに行った。コンテストを主催していたのは、ＩＢＳ（インターナショナル・ビューティー・ショー）という団体で、日本大会で優勝すれば世界大会へ、という流れになっていた。

優勝する自信は無かった。前の年、準優勝だったので、もしかしたらという期待感みたいなものがあっただけだった。コンテストに出るメンバーは毎年同じ、それぞれの実力が把握できるようになった。だから、ここをこうすれば、自分にも優勝の可能性が出て来ると思うようにはなっていた。

でも、優勝したときの調子はあまり良くはなかった。例えば、会場の気温や湿気によって、カールの効き方、手の動かせ方が決まる。体調も影響するだろうし、万全で臨めるというわけでは必ずしもない。自分では、調子悪いと思っていたので、優勝できたのはラッキーだった。

考えてみると、四年間コンテストに出ていたのだが、独学で身に付けてきたことが、今七十歳になり、これまで学生や研究所のスタッフに教えてきたときのベースになっている。自分の技術力、モデルの個性やファッションのデザインの見方、判断力はもちろん、感性を押し付けるわけではなく、良いものは良い、悪いものは悪いとジャッジできるようになった。シルエットを

受賞

大竹さん（本社美容技術研究所）
インターナショナルビューティショウ
全国大会で日本チャンピオンに

本社美容技術研究所の大竹政義さんは11月12日、佐賀市で行なわれた、インターナショナルビューティショウ全国大会で優勝を果たし、1974年度日本チャンピオンの座を獲得しました。

この大会は、アメリカを中心とした世界的な美容組織である、インターナショナル・ビューティ・ショウ・アソシエイション(International Beauty Show Association)の傘下にある、日本IBS協会の主催によるもので、毎年世界各国で開催されるコンテストの優勝者には、アメリカで行なわれるインターナショナル大会への出場資格が与えられるという、権威のある大会です。

今回の全国大会は、各地の予選を通過した15名の代表によって競われ、チャンピオンに選ばれた大竹さんは、来年3月、アメリカのラスベガスで行なわれるインターナショナル大会に出場することになりました。

『椿の友』（社内報）［1973］

どのくらい大きくしようか、小さくしようか。どこに配置しようか。分け目からどういう風に流したら、川が上流から下流に流れるように、美しいデザインになるのか。流れの無い作品に一体感は生まれない。それが自己流ではあるけれど、経験で分かってきた。

そしていかに一人ひとりのモデルに似合うものにするか。モデルにも、こだわりがある。少しでも見栄えがよくなくてはいけない。それは、美人に見せるというより、バランスが整っているかどうかだった。だから、バランスを重視してメイクを施し、その上にヘアスタイルを乗せる。衣装も含めてトータルで美しく見せることを心掛けるようになっていった。

さらに現場で、つまり本番で、ベストの力が発揮できるように、多くの引き出しが持てるよう心掛けた。モデルが一流であればあるほど、何回も練習させてもらうなんて現実的に無理な話。ぶっつけ本番、現場主義にならざるを得ないということだ。

ニューヨークの世界大会では舞い上がっていた。四十五年前の当時、海外に行くということは、今で言えば宇宙旅行に行くようなものだった。羽田空港には、新潟三条から両親が駆け付け、そして高賀さんをはじめとして会社の上司が揃って見送ってくれた。それぐらい大がかりなことだった。日本航空のDC－8という細長い飛行機に乗って、ニューヨークに向かった。

ここはオリンピック精神で臨むほか無かった。「参加することに意義がある」だった。

入賞はしなかったし、かすりもしなかった。しかし、それは当然だろうという思いしか無かった。

ニューヨークに着くと、サム・カペルという外国人トレーナーに何日かついて、色々と教えてもらった。外国人モデルも初めてだった。とにかく髪の毛の質に驚いた。日本人より細いし、カールがつけにくい。まずはそれに慣れて、こなすことだったが、正直、数日の訓練では無理だった。日本からモデルを連れて行ければ、毛質に慣れていたし、勝負できたかもしれないが、そんな費用など無かった。だから入賞する自信は全く無かった。競う人たち

両親・会社上司、空港へ見送り［1974.3］

が、どんな人なのかも、当日、会場に行くまで分からない。最初から勝負にならないと思っていた。

それにしても高賀さんは、なぜ、私をコンテストに参加させたのか。後年、ある雑誌で行った私との対談で、次のように述べている。

「研究所時代に男性を育てない限り定着しない、という悩みがあったのね。〈中略〉美容部長になった頃から、本格的に育てようという意識を持って、それにあなたたちがついて来てくれるようになった、ということかしら」

私は、最高のタイミングで美容技術研究所の所員になったということだ。

高賀さんの思いは、もともとは、東急文化会館に資生堂美容室をオープンさせたときに遡る。

美容師の選考を店長だった高賀さんがしたのだが、応募者の一人に言われた。

「この美容室、誰も有名な先生はいないんですね」

一九五六年にオープンした頃、戦後の混乱期から世の中が復興していくな

IBS世界大会（ニューヨーク、中央左側が著者）［1974.3］

か「おしゃれ」への感心が一気に高まり、著名な美容師が台頭してきて、いくつかのグループに分かれ始めていた。その中には男性美容師もいて、リード役を果たしていた。

高賀さんとしては、その渦の中に巻き込まれるのではなく、資生堂が自前で美容師を育て、業界発展を引っ張らないといけないと思うようになった。よそから有名な美容師を呼んで、人集めをするのではなく、自前で育て、資生堂のブランドを築きたかった。私にチャンスを与えたのも、人材を育てる、その一環だった。おそらく私以外にも目をかけていた者がいたのかもしれない。

ニューヨークから帰ってきたら、高賀さんに呼ばれた。入賞しなかったのだから、こっぴどく叱られるのか、と恐る恐る訪ねた。部屋に入り、直立不動になると、高賀さんはまたしても手短に要件を告げた。

「CMの残りの仕事があるので、あなたがおやりなさい」

「はいっ、分かりました」

と応え、部屋を出たのだが、打ち震えてきた。待望の広告の仕事をやるように命じられたのだ。次第に嬉しさがこみ上げてきた。本来なら、ヘアコンテストの世界大会でリベンジを果たさなければいけなかったかもしれないのに、その思いがかき消されたほどだった。

しかし、春夏秋と年三回ある大きなメイクアップキャンペーンの広告の仕事は、結局六、七本ほどしかしなかった。

冷静になると、不安が頭をもたげてくる。ＣＭの仕事は自分に務まるのかどうかなんて、全く考えていなかったからだ。「はいっ、分かりました」と即決で応じたものの、ほんとうは、

「ぼくにはできませんよ」

と、まずは言ってみて、それでも

「おやりなさい」

と言われれば引き受けるぐらいのやりとりがあったほうが良かったのかな

と思ったりした。

高賀さんの指示は、グアムでの夏用ファンデーションの商品撮影に同行せよというものだった。もともとフランス・カンヌで撮影していたのだが、撮り残しがあったのか、追加の撮影をグアムでするイレギュラーな仕事だった。カンヌに同行した先輩のヘアメイク担当者は都合が悪く、同行できないことが分かり、急遽私が指名された。窮余の策ではあったが、高賀さんとしては、私を鍛えようと抜擢したのだろう。

恥ずかしい話だが、初めての広告の仕事では、モデルの髪にヘアピンを刺し過ぎた。カメラの後ろからモニターを見ていると、毛が出ているんじゃないかと気になり、撮影の合間に、ヘアピンを刺して整えたりする。そんなことの繰り返しで、ヘアピンをいっぱい刺してしまい、後で数えたら、二十本も刺さっていた。普通は三、四本でまとまるものなのに。きれいに仕上げようという以前に、心配性だったからだろう。経験が無いゆえだった。

これは失敗と言えば失敗なのだが、誰にもばれずに済んだ。外見的には、可も無く、不可も無くだったのだろう。ヘアピンを二十本も刺したことは、モデル以外は誰も知らなかったし、そのモデルも、不満は言わなかった。私にとっての密かな反省事項になった。

ニューヨーク大会を終えた同年秋から、私は正式な普及グループの一員になり、広告の仕事に専念するようになった。まず担当したのが、

『描いてごらん　海の色で』

がキャッチコピーの「アクエア」シリーズの夏キャンペーン用の撮影だった。スタッフの一人として、ハワイでの仕事になった。ポスター用とテレビCM用、場所を移動して両方の撮影を行い、私はテレビCM用のヘアメイクアップ担当になった。ポスター用は、先輩の女性が担当した。その頃は、メインのヘアメイクアップ担当の人がポスターを、新しい人がテレビCMをやるというシステムになっていた。撮影現場が違うので、ハワイでは顔を合わせない。現場で先輩からアドバイスをもらうということはできなかった。私の先輩スタッフは、すべて女性で、男性は私が初めてだった。

モデルはマージー・ホワイトさんとアグネス・ラムさん。マージー・ホワイトさんは当時資生堂のコマーシャルによく出ていて、この撮影でもメイン。資生堂がアグネス・ラムさんを起用したのは、このときだけだ。まだデビューしたばかりで、サブで出ていた。人気が出て男性誌のグラビアを飾る前のことである。

ハワイ島の超高級ホテルのプライベートビーチやプールでの撮影だった。私は、これまでに無い試みをした。アグネス・ラムさんの髪型を細かく三つ編みヘアにしたのだ。それまでは、襟足でお団子（ネープシニョン）にすることが鉄則だった。そうした方が顔のメイクが引き立つからだった。髪の毛がうるさく感じられない。見る人が、髪に行かず、顔のメイクを注目するようになる。

でも、モデル二人とも水着で海岸の砂浜にいる。水着を着ていたら、お団子ヘアになんかしないだろうと思った。前の晩から「どう考えても、お団子ヘアはおかしい。どうすればいいのか」、いろいろ考えた。ポップでカジュア

『描いてごらん 海の色で』テレビCM
ハワイロケ［1974.10］

ルなものというので、三つ編みがいいと思った。

前の日の打ち合わせで、いちいち提案はしなかった。メイクで使う化粧品はCMで売りこもうとしている商品だから、どう使うかは、日本での打ち合わせで細かく決めていくし、前の晩の最終的な打ち合わせで確認するのだが、ヘアについては何も言われなかった。だから、自分の判断で、何本もの三つ編みヘアにしたのだが、後でクレームがつくこともなかった。この仕事以降、私が担当したCMでお団子ヘアにはしなくなった。

撮影は、一日仕事だった。朝、まだ薄暗いときに、モデルへのヘアメイクをする。現場が浜辺であったりすれば、風は吹くし、しっかりとはできないので、出発前にしなくてはいけない。現場では口紅を塗ればいいだけにしておく。といっても、現場でも撮影の合間に微調整をしなくてはならず、結構忙しかった。一日が早かった。撮影は光の関係で午前中のみ、午後からはオフということもあったけれど、だいたいが一日中撮影に追われていた。

次に担当したのが、釧路で撮影したもの。「シフォネット」のクリームファ

ンデーションのCMで、キャッチコピーは

『ひかってるネ　あのこ。』。

列車に乗るシーンの撮影。五人もモデルがいたので、先輩について、担当した。

次に、バハマ諸島まで撮りにいったもの。

『南南西の風・色いきる』

がキャッチコピーの「アクエア」シリーズだった。

そして一九七七年に『マイ ピュア レディ』がキャッチコピーの「スプレンス」のヘアメイクを担当した。モデルはタレントで女優の小林麻美さん。ロサンゼルスでの撮影だった。

基本コンセプトは〝スポーティー〟。ディレクターからの要望だったが、小林さんのイメージとは合わない。彼女は肩より長いロングヘアで、スレンダーで都会的なイメージだった。ショートパンツをはいて走るシーンもあって、ロングヘアではおかしい。だから、どうしても〝スポーティー〟なショートヘアに見せなくてはいけなかった。実際のテレビＣＭでは、ショートヘアの小林さんが走っているが、髪を切ったのではない。今後の仕事への影響を考え、勝手にヘアスタイルを変えるわけにはいかなかった。

引きで撮ったり、顔のアップを撮ったり、躍動感を大切にした。たとえ髪型をアップで撮っても、地毛のショートヘアとしか思われなかっただろう。ポスターになって出たとき、大反響になった。小林麻美の代名詞はロングヘアだったから、ファンの間では、最初は驚きの声が上がり、

「小林麻美が髪を切った」

と騒然となって、

「何かあったから、髪を切ったのか」

といったあらぬ想像までされた。でもすぐに

「ショートも似合うね」

という評判になっていった。

実はウィッグを被せた。画面やポスター写真では、ウィッグだと分かって

はいけない。ごく自然のショートヘアに見せなくてはいけなかった。ボリュームがあると不自然になる。ロングヘアをタイトに束ねなければいけなかった。後頭部は、多少ボリュームがあっても誤魔化せた。長い髪の毛に水をちょっとだけつける。びちゃびちゃにしてしまうと、かえってボリュームがでてしまう。だから少しだけつけて、それを櫛を使って伸ばしてフラットにしていく。ヘアスタイリング剤をつければ、楽に束ねられると思われるかもしれないが、後で髪の毛がゴワゴワになり、手入れが大変なので、軽く水をつけるだけ。髪の毛を三等分にして、一つひとつを頭に沿わせて巻いてピンで止める。それから、ネットでぐるぐる巻きにして、ウィッグを被せた。仕上げるのに三、四十分はかかる。さらにメイクに三十分ぐらいかかった。毎朝五時ぐらいに起きて、まだ薄暗いときに準備を整えた。我ながら、うまくいったと思った。スタッフから「頭でっかちだよ」とは一度も言われなかった。小林さんは、何の不満も言わず、したがってくれた。

ウィッグは人毛で、いい素材の毛を使用した。ウィッグの毛をカットして小林さんに被ってもらった。予備も必要だと思い、二種類つくり、ケースに入れて、飛行機で移動中も手に抱えて持ち歩いていた。本番の前、小林さんにテストで装着することもあった。するとスタッフの皆さんが、

「いいねぇ、CMのイメージにぴったりになるよ」

と褒めてくれた。撮影が順調に進んだ。

このロングをショートに見せるやり方は、資生堂の広告でも前例の無いことで、すべて自己流だった。自分で考えて実行した。小林麻美ファンが騒然としたことで、我ながら「やったぞ！」という思いになった。

この撮影では、ポスターと、テレビCM用の撮影、両方を担当した。『花椿』の仕事もあり、一ヵ月ぐらいロスに滞在していた。ということは、小林麻美さんとも一ヵ月一緒だったことになる。もちろん、スタッフ全員同じホテルに泊まっていて、最初はいつも一緒に行動していた。そのうち、グループ化して、別行動をとり出すようになる。

スタイリスト、ヘアメイク担当である私、現地のコーディネーター、そし

て小林麻美さんは、いつも一緒だった。ロケバスも一緒だった。ロケバスの中でメイクをするようになった。小林さんとは自然に親しくなった。どんな話をしたか、まではもう覚えていないが、明るく気さくな人だった。

資生堂は、それまでファッションモデルばかり、それも山口小夜子さんを除いてハーフの人を起用するのが多かった。タレントに白羽の矢を立てたのは小林麻美さんぐらいだろう。新人として資生堂の広告に出た後、ひっぱりだこのトップモデルになった人が結構いた。他社が起用したり、名が売れたモデルを資生堂が使うことは無かった。

ロスでは、いつも一緒にいたのだが、あくまで仕事の付き合いだった。毎日の仕事が忙しく、女優だし、とても美しい方だったが恋愛対象ではなかった。だから日本に帰ってからも、小林さんと会う機会は無かった。

しかし、最近、主婦業に専念していた小林さんが復活、再デビューを果たした。私の後輩が一緒に仕事をすることがあり、私のことを話したら

「よく覚えています。よろしくお伝えください」

という伝言をもらった。嬉しかった。彼女は、今も、昔と変わらない気さくな方なのだろう。

一九七八年春、フランスで、映画『ベルサイユのばら』のヘアメイクを担当することになった。カナダで仕事をしていたら、突然電話が東京から入り、そのままパリに直行しろとの指示。ベルサイユ宮殿での撮影許可が三十年ぶりに下りたので、その撮影に参加しろとのことだった。池田理代子さん原作の『ベルサイユのばら』の映画化が決まり、プロデューサーと私を除いては、出演者もスタッフもフランス人だった。東宝が配給したのだが、日本映画とは言い難かった。

この映画に資生堂がタイアップし、私は映画のクライマックスシーンのヘアメイクを担当した。主役のカトリオーナ・マッコールさんが、資生堂化粧品の広告にも登場、
『劇的な、劇的な、春です。レッド』

映画『ベルサイユのばら』撮影。ヘアメイクの担当は著者［1978］

という名キャッチコピーが使われた。

それまで広告の仕事は、日本人スタッフとだけだったのだが、映画の撮影はフランス人と一緒で、勝手が違った。日本人は撮影スケジュールが押してくると、食事は後回しにして仕事を優先する。ところが、フランス人は、撮影を途中で打ち切り、お昼は時間通り食べる。それもケータリングして、きちんと食べる。昼間から、それも仕事中なのに、ワインが出て飲んだりすることもある。フランスパンに料理が何品か出る。日本のように仕出しの弁当なんかではない。夕方も、時間が来れば、終了。夜遅くまでかかるなんていうことは無かった。ユニオンがしっかりしているからかもしれないと、カルチャーショックを受けた。

一九八〇年、インド洋のセイシェル諸島とケニアでロケをした、夏のキャンペーン「ナツコ」シリーズの『輝け！ナツコＳＵＮ』。

そして同年、軽井沢のロケに参加した。加藤和彦さんの歌が印象的だった。『おかえりなさい、秋の色』

がキャッチコピーの「ベネフィーク」シリーズ。モデルはヨアンナ・ディックさん。これが最後のメイクアップキャンペーン広告の仕事になった。

資生堂は一九七七年に「インウイ」というグローバル展開の香水を発売した。翌七八年にはメイクアップシリーズも発売した。ヘロイーズというニューヨークのトップモデルを起用した。私は資生堂初の欧米人モデルのヘアメイクを担当することになった。

変われば変わるものだ。二十五歳のとき、初めてニューヨークに行ったときは、両親が羽田空港に送りに来るほど、大がかりなことだったのに、広告の仕事を始めてからは、グアム、ハワイ、バハマ諸島、ロサンゼルス、ニューヨーク、パリ、スペインのマラガ、アフリカのケニアやモンバサ、セイシェル諸島と世界の各地に行くようになった。海外なのに、国内出張をしているのと、気分は変わらなくなってしまった。もちろん両親はいちいち見送りに来ない。以後も、広告の仕事は無くなったが、世界の各地を回った。

「インウイ」ニューヨークロケ［1978.6］

広告の仕事をしながら、私の先輩とは少し異なる試みをした。資生堂は化粧品の会社なのだから、メインは化粧品を使う顔回り。だから先輩たちはメイクアップをメインにやった。私は、ヘアとメイクに同じくらいのウエイトをかけていた。もちろん、見る人の目がヘアに行かないように、目立つ髪型ではなく、顔全体のバランスがとれているということを基本にしていた。私はあくまで美容師という立場を大事にしたかった。

『ベルサイユのばら』と連動した『劇的な、劇的な、春です。レッド』のときは、女優が金髪で、ポスターの写真は逆光で撮影した。資生堂の広告を長年撮影してきた著名なフォトグラファーの横須賀功光さんに、抜群の雰囲気のショットを撮ってもらったと思っている。私がやったことは、髪の毛をヘアアイロンでしっかり巻いて、ブラッシングでほぐしていく。カールがとれないかを心配した。というのも、外国人のモデルは、毛が細くストレートなので、ヘアアイロンで巻いたのに、すぐにほぐれてしまうことがある。これが難題だった。巻き直しが結構あり、撮影が終わるまで気が抜けなかった。

男性モデルも何度か担当した。草刈正雄さんを担当したと、記録に残っている。「MG5」か「ブラバス」の仕事で、当時男性モデルは若手が担当した。細かいメイクをするわけではなく、肌の脂を抑えたり、肌色を調整する程度だったし、ヘアもとかす程度だったので、テクニックはそんなに要らない。だからベテランが担当することは無く、若手だったから、担当させてもらったのだろう。

広告の世界では、フリーランスの人が出てきて、メイクだけでなく、ヘアもやるようになり、「ヘアメイクアップアーティスト」と呼ばれるようになった。一九七〇年代半ばぐらいのことだ。ネーミングは、ある学校が、ヘアメイクアップアーティスト講座を設けたことから広まった。「ヘアスタイリスト」「エステティシャン」「ネイリスト」という美容の職業に関わるネーミングの中で、なぜか唯一「アーティスト」とついている。なぜだろう。メイクアップの技法そのものはアメリカ・ハリウッドからの流れがあり、そこで「メイクアップアーティスト」と呼ばれていたのではないかと思うが、結局「アーティスト」になる。語呂がよかったからだろうか。私自身は、芸術家を意味する「アーティスト」という言い方に、今もひそかに抵抗を感じている。私のやっていることは、芸術などという大層なことではないだろうと、思っているからだ。

一般では、広告の撮影やファッションショーの舞台裏の美容担当に、街の美容師ではなく、フリーランスにヘアメイクをお願いするようになった。両方できれば経費がかからないということで重宝された。ヨーロッパやアメリカに行くと、ヘアをやる人とメイクをやる人は、全く違う。それは洋服をつくる人と靴をつくる人ぐらいに違う。領域を侵してはいけないとされていた。日本人は器用だからか、両方を担当することになった。

両方こなすシステムを最初につくり上げたのは、おそらく資生堂の美容技術研究所だろう。高賀さんがトップで、インターンでは三年でやることを一年で習得しなければならず、そこでメイクアップも学んだ。広告の仕事があれば、メイクも、ヘアもこなせるようにするためだ。もともとメイク専門の人はいなかった。和の舞踊の世界には化粧専門の人はいたけれど、洋風のショーや撮影にメイク専門の人はいなかった。モデルが自分でメイクしたりしていたこともあった。資生堂が広告の仕事のときに、メイク担当者を派遣し始めていた。

私は、ヘアメイクアップアーティストの第一号ではないが、創成期に活動していた一人ではある。フリーランスではなく、社員として活動していた者は少なかった。男は私一人だったかもしれない。

資生堂は広告代理店に制作を丸投げせず、社内チームで制作していた。それでも広告大賞を何度も受賞した。コピーも自前が原則だった。だからヘアメイクも外部の人を起用しなかった。自前のデザイナーを抱えているのは、資生堂以外では、サントリーぐらいしか無かった。ほかにも、美容を普及させていくための美容技術スタッフも育てたし、ここが資生堂の強みだったと思う。私が関わった当時は、高度成長の波に乗り、ファッションや美容に対して社会全体の関心が高まってきたこともあり、特に密度が濃い仕事をしていた。いい時代に広告の仕事をさせてもらえたと思っている。

それなのに、私は広告の仕事から離れていく。そのきっかけになったのが、一九七六年のパリコレに、ヘアメイクアップアーティストとして参加したことだ。いつだってそうなのだが、上司から

「パリに行け」

と言われれば、

「はいっ、行ってきます」

と即答して、突き進んでいった。

第四章　先陣を切ってパリコレに挑戦

洋服の新作を発表するパリコレに進出できたのは、『花椿』の編集長を長年務めた平山景子さんが、ヨーロッパのファッション事情にコンタクトしていたことの成果だった。メルカ・トレアントンさんという、現地のスタイリストがいて、平山さんとのつながりができた。彼女は、単なるスタイリストではなく、ディレクター、コーディネーターのようなこともしていた。当時の化粧品業界で、海外進出に積極的で、パリコレにまで進出したのは、私たち資生堂だけだった。

パリのファッションは、それまでのオートクチュール（高級仕立服）からプレタポルテ（高級既製服）に移ろうとしていた。ファッションショーも、オートクチュールばかりのショーが開かれていたのに、プレタポルテが台頭してきて、それをデザインする新しい若いデザイナーが出てきた。そこでパリコレが新たに注目されるようになった。今では、パリコレと言うと、その年の流行を左右するので、ファッション界では大注目されているが、当時の日本では話題になることは無く、一般の女性には全く知られていなかった。

そんな時代の一九七六年、パリコレのヘアメイクアップを、大城喜美子さん、下坂やつきさん、私の三人で担当した。言葉も文化も違うところへ行って、それなりの苦労をした。日本企業「資生堂」とのタイアップとはいえ、現地の人たちには、これまで培ってきたやり方がある。その人たちと連携するわけだから、我々三人で仕切れるわけがなかった。今でこそ、海外でファッションショーをやるとなれば、日本から何十人ものスタッフを連れて行くのだが、このときは三人で対応するしかなかった。

まず、打ち合わせの段階で、デザイナーから、この色でいいとか、もっと明るくしてほしいといった注文がつく。モデルからも、このメイクは気に入らないと言われることもあり、調整する。戸惑いばかりがあった。通訳はいたものの、思い通りのコミュニケーションはとれなかった。ファッションショーのシステム、流れも、よくは分かっていなかった。詳しく説明してくれる人もいなかった。最初から最後まで緊張の連続だったが、大きなトラブルは生じなかった。

昔、「輸専《ゆせん》」と言われる商品があった。ハワイ向け、台湾向けなど、輸出専用の商品のことで、イタリアには資生堂イタリアがあり、ローマやミラノなどで販売していた。フランスにはまだ進出していなかった。本社の外国部が「輸専」を扱っていた。そこで、パリに行ったときも、日本から、海外向けの商品を段ボールに詰めて持って行った。資生堂の商品を使わなければ、我々が行く意味が無いからだ。

現地のスタッフにしてみれば、どうして日本の商品を使わなければいけけないのかと、反発があった。当然だろう。フランスから見れば、日本も、中国も一緒くたで、大陸の辺境にあるアジアでしかない。「資生堂」と明記されていても、もちろん横文字で表記されているのだが「シセイドー」と読んでくれない。読めないといった方がいいかもしれない。資生堂自体知られていなかった。今とは隔世の感がある。

それでも、自分たちの商品でメイクアップし、本番に臨んだ。初めての参加で、資生堂をアピールできたとは思っていない。我々にも、その余裕や自信は無かった。第一、見に来るプレスは、化粧品にあまり関心は無い。最新の服を見に来ている。わずか二十分、三十分で一つのショーは終わってしまう。服にうっとりする人はいても、今日のモデルの口紅は良かった、どこの製品かしら、なんて思う人はいない。化粧は引き立て役にすぎない。

ただ、ヘアやメイクアップがいいと、服も引き立つ。ファッションショーの価値を高める。何年か続けていると、ヘアや口紅、メイクアップにも関心がいき、少しずつだが、資生堂の名前がパリでも知られるようになった。一朝一夕ではなかったということだ。

余談だが、私は絵描きを志していたこともあり、パリは憧れの地だった。この年、やっと機会が得られた。駆け足で行って駆け足で帰ってくるような日程だったのにもかかわらず、パリに行けただけでラッキーだと思った。これで最後だろう、二度とパリには行けないだろう、という思いもあった。そこで、時間を割いてルーブル美術館に足を運び、「モナリザ」や「ミロのビーナス」をやはり駆け足で見て、帰ってきた。八年後の一九八四年から、パリコレはルーブル美術館でも開催されるようになるのだが、私がパリコレに参加した時点では、思いも寄らぬことだった。

なぜ、資生堂がパリコレに進出したのか。一つには海外に本格的に打って出ようという戦略があったからで、さらに、日本にファッションショーを招聘しようという目的もあった。

翌一九七七年、日本で『６人のパリ』を資生堂が主催した。プレタポルテの本格的なファッションショーは日本では初めてだった。それまでも、古くはオートクチュールの、例えばクリスチャン・ディオールやピエール・カルダンが日本に来て、ショーをやったことはあった。日本の洋裁技術は発展途上で、一般女性も謂わば〝憧れ〟で観に行っていた。だから、日本の庶民でも手が届くプレタポルテのショーは、画期的なことだった。日本に新しい洋服の文化を伝えるきっかけになったのではないか。トレアントンさんが、パリの若手デザイナー六人を選抜し、日本に連れてくることになった。平山さんがパリと日本を行き来し、準備を進めた。電通がバックアップしてくれた。

当時としては、化粧品の会社が洋服のファッションショーを開催するのだから英断だった。後に社長になる大野良雄さんが宣伝部長の時代に推し進めた。ファッション、文化に対する造詣が深く、担当のトップになり、ゴーサインを出した。『6人のパリ』というタイトルがつけられ、全国七都市（東京、大阪、福岡、広島、仙台、札幌、名古屋）で、ファッションショーを開催した。

来日したのは、ジャン＝シャルル・ド・カステルバジャック、ダン・ベランジェ、アンヌ＝マリー・ベレッタ、ジャン＝クロード・ド・リュカ、クロード・モンタナ、ティエリー・ミュグレーの六人で、全員が新進気鋭のアーティストだった。

当時、百七十センチほどしかなかった日本人モデルは、パリのデザイナーたちにはやりにくかっただろう。モデルは日本人がほとんどだったが、三人だけパリから連れてきた。美しいというよりは、個性的な顔立ちのモデルばかりだったが、みんな顔が小さく、一人は赤毛のおかっぱ、一人はチリチリのウェーブヘア。動いたとき、日本人と身体の造りが違うことが一目で判った。身長が百七十五センチ以上で、バストの位置も、お尻の位置も違ってくる。デザイナーは最初、自分たちの国のモデルに洋服を着せたがった。日本人向けではなく、フランス人向けにデザインしたものだし、同じ洋服でも見え方が違ってくる。仕方の無いことだった。でも日本人の客は喜んだだろう。外国人モデルを目の前で観るのは初めてだったのだから。ある意味、文明開化だったかもしれない。

その年、資生堂の春のキャンペーンは「スプレンス」の『マイ ピュア レディ』で、広告は『6人のパリ』と連動していた。小林麻美さんは『6人のパリ』に出品したカステルバジャックの服を着ていた。カラフルでスポーティなデザインだったので、CMのイメージにぴったりだった。『6人のパリ』の会場には『マイ ピュア レディ』の大きなポスターが飾られていた。

パリコレへの進出、『6人のパリ』の開催を通じて、資生堂は世界進出を加速させていく。国内では、ファッションショーが随時開催されるようになった。資生堂はファッションショーのリード役を果たしていったのだが、三宅一生さん、高田賢三さん、川久保玲さんといったデザイナーがパリで活躍するようになったことで、一層ファッションショーが注目されるようになっていった。

高田さんが日本に凱旋帰国してショーをしたときや、『6人のパリ』に出たクロード・モンタナさんの日本でのショーのヘアメイクを資生堂が担当する

ファッションショー『6人のパリ』打ち上げパーティー。
大野専務（当時）を囲んで［1977.2］

ようになる。

私も、有名デザイナーであるティエリー・ミュグレーさんの日本でのファッションショーで、ヘアメイクを担当した。それが縁で一九八四年三月、パリでも私が、彼の十周年記念の大きなショーのヘアメイクを担当することになった。資生堂がタイアップし、私がチーフになった。日本からは総動員で、十人くらいのスタッフが参加した。やっと資生堂の海外でのショーは本格的になった。『6人のパリ』にもモデルとして出た山口小夜子さんもいた。

この規模になるまで何年かかったことか。資生堂のブランド価値を高めていく流れでもあった。初め、化粧品の本場・パリで、資生堂の化粧品は見向きもされていなかったのに、たくさんのモデルから「シセイドーの化粧品を使ってみたら、すごく良かった」という反応が返ってきた。

手前味噌になるが言わせていただくと、我々のテクニックが良かった。何より日本人によるメイクは丁寧で清潔感があると言われた。清潔なコットンやパフを使い、それも頻繁に新しいものに替える。使い回しは絶対にしない。

いつも新しいものを用意している。これは日本人の感性に基づいたものだと思うのだが、資生堂は徹底していた。

それで資生堂のヘアメイクの評判が高くなり、パリのモデルたちも、私たちが担当すると嬉しそうに

「今回はシセイドーの方なのね」

と言ってくれるようになり、信頼関係が生まれていった。一流のモデルの間で認知されていった。

一九八〇年、資生堂はパリに進出する。高級百貨店、ギャラリー・ラファイエットとプランタンにカウンターを構えるまでになった。後年聞いたことなのだが、後に社長を務める福原義春さんは当時、

「資生堂はプロダクト（製品）だけではない。最初にプロダクトを出してしまうと、そればかりフィーチャーされてしまうから、文化や技術、感性といった、おもてなしの部分を表現するために、『6人のパリ』を開催した。資生堂という会社を知ってもらうことが大事なんだ」

と言っていたそうだ。

福原義春さんと大野良雄さんのコンビが資生堂の宣伝、広告のトップで、資生堂の文化性の発信に注力していた。その下で高賀さんは、会社独自の技術者、美容師が必要であり、それはフリーランスの人ではなく、資生堂の理念や文化が身体に染み渡っている人でなくてはいけないと考え、私を鍛えていったのだろう。

資生堂がパリに進出した頃、ギャラリー・ラファイエットの化粧品売り場中央にある小さな舞台で、一般のお客さまにメイクアップをしたことがある。一週間ほどのプロモーション活動の一環で、普通なら現地の美容部員が行うことだが、世界の一流メーカーがしのぎを削る中での一大プロモーションで、日本本社から来たアーティストということで白羽の矢が立ったらしい。もちろん通訳を介してだが、資生堂のメイク商品を気に入ってくれるお客さまが多く、それなりに購入にも結びついた。ギャラリー・ラファイエットはパリを代表する百貨店の一つで、日本を代表する化粧品メーカーということもあって資生堂の売り上げへの期待は大きかった。私の技術は店頭でも少しは役に立ったと思う。

その後も、資生堂は日本でファッションショーを支えていった。例えば「東京コレクション」がその代表例だっただろうが、ときには代々木公園につくった仮設の舞台でショーを開くこともあった。そんなときは、テントの中でヘアメイクをした。

ファッションショーはどうしても時間が押しがちになってしまうのだが、そうなると削られるのが、ヘアメイクの時間だ。短時間で洋服とモデルをより美しく見せなくてはいけない。出過ぎてもダメ、引き過ぎてもダメ。その塩梅が大事だった。ここがうまくできると、洋服もモデルも引き立つ。そのコツを得なくてはいけない。肝心なことは、我を出してはいけないということだ。ファッションショーは「いくら授業料を払っても学校では教えてもらえないこと」を習得する場だった。自分にとっての鍛錬の場になった。

キャリアを積んでくると、モデルとの会話の中で、何を望んでいるか分かるようになったし、外国人モデルは気に入らないと顔にすぐ出るから、直さなければと思ったりする。すべてが修行だった。

大竹に〝お任せ〟という風になってきたのは、いくつぐらいだったか、三十代後半になった頃だったと思う。

『6人のパリ』のデザイナーの一人ティエリー・ミュグレーさんとは、彼の写真集でも仕事をした。洋服のデザイナーなのだが、香水ビジネスを手掛けるなど、多彩な才能を発揮していった。『6人のパリ』のときはカジュアルな服だったのに、徐々にボディコンシャスを取り入れ、次第に自分の世界観を築いていった。一九八〇年代に入ると、世界的なファッションデザイナーになった。自分がデザインした服をモデルに着せて、自分で写真を撮り、写真集をつくった。収録作品は、高層にあるオブジェの先端にモデルが立っているものなど、「これは、どうやって撮ったの?」と思ってしまうものばかりなのだが、合成ではない。

大阪道頓堀に女性がたたずんでいるフォトがある。モデルは山口小夜子さん。おそらく、ミュグレーさんがグリコの看板を気に入り、その前で撮影ということになったのだと思う。私が担当したのだが、基本のヘアメイクはホテルでして、ロケバスで最後の手入れをした。パッパッパッパッと、五分か十分しかかけずに撮り終えた。

これは日本のファッション誌『MORE』の仕事でもあった。道頓堀の写真は、雑誌には別アングルのものが載った。それまでミュグレーさんとは、『6人のパリ』だけでなく、パリでも何度か仕事をしていた。おそらく、ミュグレーさんが、日本での撮影のヘアメイクは大竹で、というリクエストを『MORE』編集部にしたのだろう。編集部としても、資生堂がパリコレに進出したことはよく知っていたし、パリからデザイナーが来て撮影をするのなら、ヘアメイクは資生堂の大竹にしてもらうということになったのではないか。

ハラハラした撮影というと、同じ大阪にサントリーの本社ビルがある。川の向こう側に朝日新聞のビル。サントリーのビルの屋上にモデルが立った。

手すりがあるヘリのところで山口小夜子さんにポーズをとらせた。危険な場所なので、私が何をしていたかというと、腹這いになり、モデルの足をつかんでビルから落ちないようにしていた。といっても、もしもモデルがひっくり返り、落ちていったら、私も引っ張られ、落ちていっただろう。

ミュグレーさんは、こともなげに言う。

「ダイジョウブ、人間は風が吹いても、鳥のようには飛んではいかないのだから」

そう言われても、私はハラハラドキドキ。ヘアメイクがどうなっているかなんて二の次で、撮影が早く終わらないか、そればかりを願っていた。

ミュグレーさんは、川を隔てた向こう側のビルから撮影した。だからモデルは小さくしか映らない。それでも、危険なポーズをとらせた。普通のモデルなら、

「私には無理、できません」

と、やるにしても一旦は断ると思うのだが、山口小夜子さんは何も言わず、

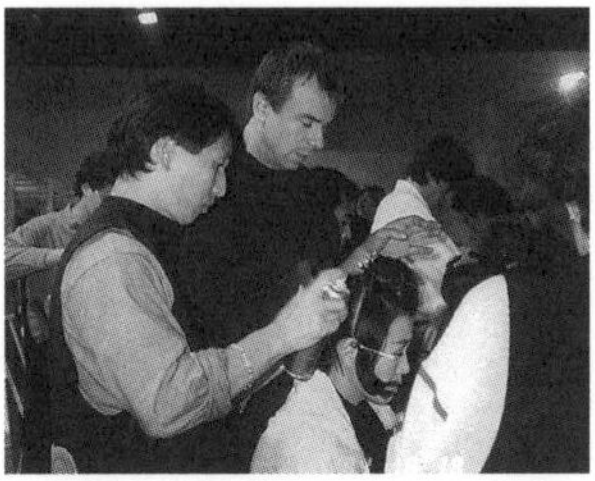

ティエリー・ミュグレー・コレクション楽屋にて（東京）。手前が著者［1985］

指定された位置にすくっと立った。さすがだった。私はと言うと、よくこんな撮影をするものだ、と心の中で泣いていた。貴重な経験だった。

ビルの屋上での撮影なので、ビル所有者の許可をとったと思うのだが、こんな危険な撮影を行うとは、思いも寄らぬことだっただろう。事前に知っていたら、許可を出したかどうか。

この写真集のモデルは一流の人ばかりだったが、山口小夜子さんは別格だった。ふだんはとても物静かな人で、むやみにはしゃぐ人ではない。パリに進出して、日本の神秘、美しさを余すところなく表現し、世界のトップモデルにまでなった。身長はそんなに高くない、百七十センチぐらい。今は世界に出ていくためには百七十八センチは無いといけないが、百八十センチ以上だと背が高過ぎて洋服が着られない。モデルの世界にも独特な難しさがあるものの、小夜子さんは一頭地を抜く存在だった。おかっぱ頭がトレードマークで、資生堂の専属モデルにもなっていた。資生堂との縁が長く続き、切れ長の目で、日本人形のようなメイクを得意としていた。小夜子さん自身の発想でもあったし、我々も協力した。オリエンタルな雰囲気を強調した。外国人モデルには無い独特の雰囲気や香りを持っていた。

ステージでの動き、つまり、パフォーマンスも独特だった。モデルがよくするランウェイも難無くできるのに、タッタタッタとまっすぐ歩いたと思ったら、テンポよく小走りすることもある。ふわぁとした洋服を着ると、蝶が舞うようなたたずまい。ほかのモデルにはできない〝山口小夜子の世界〟だった。洋服は、ハンガーにかけてしまうと、大差が無くなるもの。動いてこそ、その服の良さが鮮明になる。それを表現するのがモデルなのだが、小夜子さんは服の良さを引き出すのに秀でていた。

彼女はヘアメイクで、

「こうして、ああして」

と注文をつける人ではなかった。私は特徴である切れ長の目とフィットするように心掛けた。目の形や鼻の高さ、顔の細さといったことが日本人形っぽく見え、日本の美を集約したものを持っていた。ヘアメイクがしやすかった。表現しやすかった。
『6人のパリ』に出たモデルの中では、小夜子さんが一番長く活動する。ことに晩年は、モデルとしてだけでなく、詩の朗読をされたりしていた。日本が生んだ稀代のパフォーマーだった。

ヘアメイクとモデルとの関係について言えば、資生堂のヘアメイク担当は回を重ねるごとに腕も上がり、モデルとの信頼も生まれていった。すると、モデルのほうから、あの人にやってほしいと言われるようになる。
モデルは自分を担当してほしいヘアメイクアップアーティストから声がかかるまで待っており、違うヘアメイクアップアーティストから
「やりましょうか」
と迫られると
「いえいえ」
と拒否する。プロのモデルだからこそ、自分の美しさや魅力を引き出して

くれる人がいいわけで、もっときれいになりたいという欲求が当然ある。それが美の向上にもなっていく。時間が無いときは、誰でもいいということもあるのだが、モデルも意思表示をするということだ。

だから新人のヘアメイクアップアーティストは、楽屋にいても、ポツンとしているだけになってしまう。自分から

「やりましょうか」

と声をかけていかなければ、仕事にならない。誰がどのモデルを担当するかなんて決まっていない。

チームを組んで担当することもある。例えば大竹チームだったら、やはり主役のモデルを大竹、私が担当することになる。でも、時間があるときは、主役のモデルは早くからメイクをしてほしくない。ショー本番の前に、メイクが崩れてしまうこともあるからだ。モデルはわがままだと思うかもしれないが、これも〝美の表現〟と考えれば当然のことだろう。モデルも熾烈な戦いをしているわけで、ベストな状態で舞台に立ちたい。こういう理由で主役

のメイクが後回しになると、私が新人のモデルのメイクをやることもある。

パリコレだと、人気モデルは多くのショーを掛け持つ。いくつかの会場で開かれているから。モデルこそ、過酷な状況に置かれる。普通の人にはできない。

モデルたちは舞台の上では華やかだが、舞台に上がるまでは厳しい世界だ。まずオーディションがある。歩き方ひとつで、採用されるかどうかが決まる。歩き方では合格しても、ショーで着る服が合うかどうか、試着してみて、合わなければ、外されてしまう。そういう現場を見ると、こちらはため息をつくほか無い。モデルでも、デビューするまでが大変だし、それなりに力のあるモデルでさえ、デビューしてからも、這い上がっていくために懸命な努力をしているわけで、伸びていくモデルというのは、みるみるうちにきれいになっていく。だから舞台に出たときにオーラを発する。それは天性のものもあるだろうし、周りからの影響、感性が豊かだとか、様々な要素がうまくからみあうのだろう。ただ、何より体と内面がしっかりしていないとモデルの仕事をこなしていけない。

パリコレ以来、海外でのヘアメイクの仕事が中心になっていった。キャンペーン広告の仕事は時間的な余裕も無くなり入らなくなった。広告の仕事がしたくて資生堂に入社したのに、広告の仕事ができなくなる。それなのに別に不満には思わなかった。

もちろん、広告の仕事をしていたときは、夢中でやっていた。自分がヘアメイクを手掛けたものが、テレビCMになって流れたり、ポスターになったりするのだから、地方で育ったものにとっては、夢みたいな話でしかない。充足感がとてもあった。

ただ、何でもやっていいというわけではなかった。特に広告撮影には、コンセプトが最初からあり、その意図とは違うヘアメイクをすれば、次回から使ってもらえなくなる。私はそうではなかった。トラブルは無く続けることができた。

それが、一九七八、九年頃、高賀さんから、

「海外のヘアショーに出なさい」

という指示が出た。当時日本は、それほど世界から相手にされていなかった。高賀さんは本場で活躍する人材を育てたかった。絵描きがパリで修業するように、美容師を本場で育てたかった。だから、私はパリ、ロンドン、ニューヨークのヘアショーに挑むことになった。

それまでも、日本の美容師が海外でヘアショーをしたというのはあったかもしれない。でも、資生堂という一企業が社員を送り出すというのは前例が無かった。企業に属する美容師の役割は、取引先に勤める美容師に商品の使い方を教え、宣伝するインストラクターだった。それを大金かけて海外にまで連れて行きヘアショーをやらせることなんて、あり得ない時代だった。

高賀さんが切り開こうとした道は、私をインストラクターにするのではなく、世界における資生堂の影響力を高めるための人材づくりだった。私以外にも、先輩の女性美容師にやらせようという計画もあったようだが、時代が

男性美容師を求めていた。それに女性も今とは違い、

「海外に行ってまで仕事をしたくない」

という人がほとんどだった。中には、

「なんで私に声がかからなかったの」

と悔しがっていた人はいたかもしれないのだが、表向き、

「海外でヘアショーをやってみたい人」

と呼びかけても、手を挙げる人はいなかった。仕事の範囲は、舞台に立って、滞りなくショーを行うだけではない。スタッフ全員をマネジメントして、チームワークを引き出すことが求められるから、誰もが躊躇したのである。

私も当初は「積極的に海外に」という思いはあまり無かった。高賀さんの指名で出場権をもらったにすぎない。いつだってそうなのだが、上司の指示に逆らうことはしなかった。

短い時間とはいえ、本場でヘアショーをできたのは、契約が成立したからだが、相当の費用をかけているはずだ。資生堂がいくら払ったのか、私は知

らない。知る由も無いけれど、高賀さんの英断だった。高賀さんはかかる費用をどう捻出していたか。あるときは、美容文化映画を制作。予定の何本かは完成したのだが、何本目かからの分は、

「映画は制作せず、あなたの海外でのショーの費用に回しました」

と、後で本人から聞かされた。

謂わば、金に糸目をつけず、高賀さんが邁進したのは、美容の人材をどう育てるかの一点だった。なんとか「世界のマサ大竹」になって戻ってくることができた。私としては、広告の仕事もしてきたけれど、美容業界に関わる仕事をずっと続けてきたという思いが、今はある。

当時は、今でもその名残はあるだろうが、あの先生が使っているのなら、私も使ってみようと思う人が多かった。高品質の商品を開発するだけではなく、全国の美容師が信頼する先生に推奨してもらうことが、売上増につながった。各メーカーがプロフェッショナル向けの商品を出していて、お互い、しのぎを削っていたし、外資も加わっていた。資生堂は化粧品を売ることが

中心で、美容業界に影響力を持つ人材がいなかった。そこで高賀さんは対応策を考えた。カリスマ性のある人がいれば、その人が使う商品は売れるだろうと。そこで、世界に通用する人材を育て上げた。その走りが私である。

今思えば、プロフェッショナル市場は大きくなる、と、高賀さんは予測していたのだろう。当時の美容師はヘアスタイル一辺倒で、メイクの重要性まで目が届いていなかった。ヘアとメイクを一体化した資生堂の提案は競争力になる。すでに触れたことだが、高校時代の同級会に出たとき、美容室と仕事をした同級生が、「マサ大竹を知っているか」と聞いたら「超有名よ」という答えが美容室の店主から返ってきた、という話をしてくれた。高賀さんのもくろみは成功したのである。

図録

マサ大竹・人と作品

IBS日本全国大会優勝作品［1973.11.12］

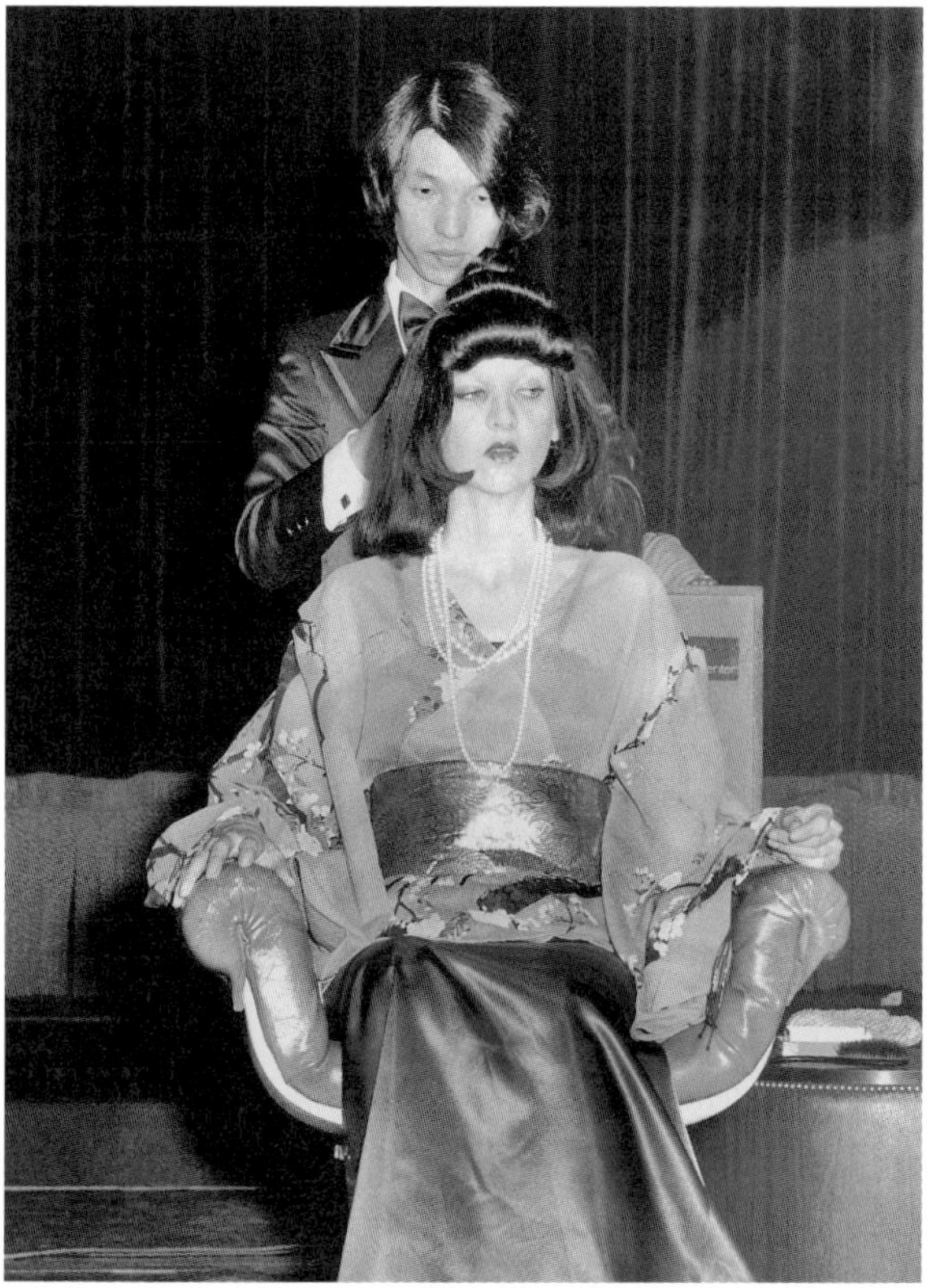

IBS世界大会（ニューヨーク）［1974.3］
エキシビションステージ

資生堂アクエア(ビューティケイク)ポスター
『南南西の風・色いきる』[1976]
撮影:横須賀功光

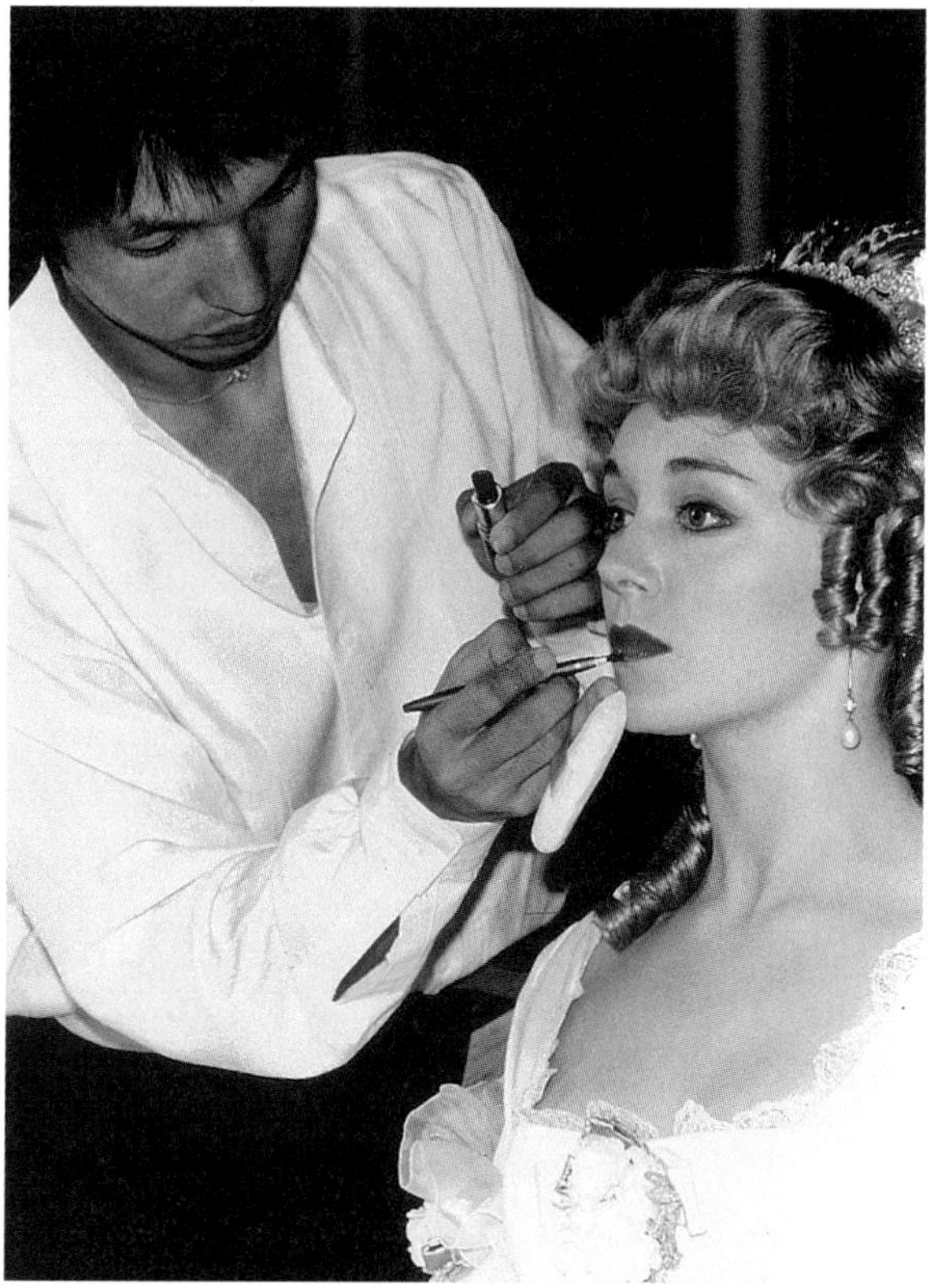

映画『ベルサイユのばら』撮影［1978.10］

Kansai Yamamotoファッションショー［1981.12］

IBS世界大会（ニューヨーク）にゲスト出演［1981.2］

イタリア美容家協会よりPure Mio Rambaud受賞［1987.5］
（イタリア、トリエステ）

ブタペストにてラムスデン夫妻と［1987.9］

『花椿』1995年4月号特集「エイプリルな黒」にモデルとして出演
撮影：富永民生　アートディレクター：仲條正義

ユキトリヰ・メンズ・コレクションにモデルとして出演［1996.11］

ICD世界大会ガラショー（東京）［2004.5］

資生堂ビューティーコングレス・ヘアショー［2013.2］

ICD「ベスト・ワールド・アカデミー」受賞（パリ）［2014.9］

ICD世界大会でのステージ（大阪）［2017.5］

ICD世界大会でのステージ（大阪）［2017.5］

第五章　「資生堂の美」を表現したヘアショーと『花椿』

広告の仕事は日数がかかる。ヘアショーは十五分からせいぜい三十分の仕事だが、広告は数日費やす。それもロケが多く、天候が悪ければ、順延になる。ヘアショーとの両立は無理だった。私は海外のヘアショーを任された。

一九八一年、ニューヨークのＩＢＳ（インターナショナル・ビューティー・ショー）のゲストステージに出ることになった。私が二十五歳のときにコンテストに出たショーに、今度はゲストとして出ることになった。誰でもゲストとして呼ばれたわけではなく、審査員長をしていたイギリス出身で世界の美容業界の重鎮であるチャールズ・ラムスデン氏に、アメリカで活躍していた山野正義氏を通じてコンタクトを取り、プロデューサーとして契約が成立した。私の名は「大竹政義」だが、海外でも通用するネーミングをしようということで「マサ大竹」と名乗ることになった。

いざ行って、言葉も分からない現地で、作品をつくる、表現する。でも予算は限られている。様々なプレッシャーがあった。現地で初めて感じたことだ。それなのに大恥をかくことはできない。自分が大恥かいても〝しょうがないか〟で済むかもしれないが、会社に大恥をかかすわけにはいかないという意識が強くあった。

ヘアショーの構成は、自分で考えた。ニューヨークのデモンストレーションでは、チャールズ・ラムスデン氏と連絡を取り合い、モデルは二人にするとか、いろいろ取り決めた。三宅一生さんの洋服を借りることができた。前から面識はあった。ただ、個人的なつながりというよりは、資生堂とのつながりでコンタクトが取れた。

IBS世界大会［1981.2］

十五分の構成、段取りは自分で考えた。現地の人ならスピーチを入れながら進めて行くことができるだろうが、私は英語が喋れない。音楽だけで展開していった。十五分のショーなら二人のモデルを使って進めるなど、基本的な流れはあった。ボディペインティングを施したモデルのヘアスタイルを短時間でチェンジした。私はボディペインティングがあまり好きではなかったのだけれど、当時欧米人には人気があり、インパクトの強さを出せたので取り入れた。ボディペインティングの図柄は、モダンで斬新なデザインの洋服に合うよう、片方の肩を中心に虹をモチーフにした半円形のグラフィカルなデザインにした。

チャールズ・ラムスデン氏のプロデュースで、一九八二年、ロンドンのロイヤル・アルバート・ホール、六千人は入る伝統のあるホールで開かれた「ワールド・ヘアドレッシング・コングレス」で三十分の時間をもらった。それも独り舞台。モデルは現地のモデル。スタッフには、資生堂美容室の先輩もいたし、美容学校の教師、総合美容研究所の所員と、資生堂の混成チームだった。

十三人ぐらいのモデルとダンサーを使った。そのうち一人に、日本の花嫁衣装を着てもらった。顔を真っ白に塗り、かつらも被ってもらった。今から思うと失敗だった。さすがに和装の花嫁衣装は、彫りの深い欧米人には似合わなかった。はっきり言って仮装行列でしかない。半分目をつむるしかなかった。

日本風のことをしたのは、そのときだけで、後は意識してやらなかった。大きなステージに名も知られていない日本の美容師が出演するので、日本人としてのアイデンティティーを強調した方が良いとの意見が多くあった。当時は失敗だとは思っていなかったけれど、自分自身で後々、消化不良な気持ちが残り続けていたので、もう充分だという気持ちだった。それからはアジアやヨーロッパをことさら意識するのではなく、自分がつくりたいものをつくるということにした。

今でも、日本のアーティストが初めて海外進出すると、和風なものを取り入れることが多い。普段からの表現であればいいけれど、国内ではやっていないことを、なぜ急に取り入れようとするのか。私から見ると、不思議でならない。和風も、中国風も、アジアに関心があって事細かに知っている人には区別がつくだろうが、欧米人からすれば一緒くたでしかない。何国風ではなく新鮮なデザインで、モデルに合わせて似合ったきれいなシルエットのものをつくっていくのが一番だと思っている。観た人に素敵だと感じてもらえばいい。インターナショナルに通じる美容を追求していくことにした。

もちろん、東洋人と西洋人の肌や骨格には違いがあってヘアもメイクも異なるが、欧米でのショーではモデルは西洋人である。着るものは日本から持って行っていたけれど、あえて日本風の服ではなく、日本人デザイナーの感性が生かされたものだった。三宅一生さんのほかにも、山本寛斎さんの作品をお借りして持っていったりした。

何回か重ねていくうちに、ロングドレスを着てもらうことが多くなった。イブニングドレスのようなものの方が、舞台効果が出ると思ったからだ。ボ

ロイヤル・アルバート・ホールでの「ワールド・ヘアドレッシング・コングレス」［1982］

リューム感が出たし、私のショーは、舞台の上で、ヘアカットしていくのではなく、長い髪をそのまま結い上げていく。その変化を見せることがメインなので、長いドレスがマッチしやすいことが分かった。今もロングドレスでヘアショーを構成している。

ロイヤル・アルバート・ホールのショーでは、バックの音楽でイエロー・マジック・オーケストラを流した。ほかの音楽も合わせ、三十分の完璧な動きをつくった。モデルの動きも、あらかじめ考えた。四人並んでもらい、一人五分でヘアをつくり上げていく。曲が変われば、モデルも変わる。途中でダンスを入れたりしていた。テンポよくこなしていかないといけない。少しでも乱れると、ショーがぶち壊しになるから、必死だった。四人全員出来上がると、四人と私とでパレードして、フィナーレになった。

ロイヤル・アルバート・ホールはすり鉢状になっている。話し声があちこちから聞こえてくる。すり鉢状なので、反響する。ショーについてあれこれ言っているのだろうが、英語なので、何を言っているのか分からない。気持

ちは緊張しっぱなしで余裕があった訳ではないが、なぜかこちらは気になるばかりで、

「下手くそ」

と悪口を言われているのかな、などと思いながら、ショーを進めた記憶がある。

最後のフィナーレでは、舞台の一番前に出て、手を振らなければいけない。手を振りつつ、顔は緊張でこわばったままだった。楽屋に戻ったら、腰が抜けそうになった。一仕事終えたという脱力感しか無かった。帰国後、ショーの写真を見たある先輩に

「大竹さん、あなた、もっとにっこりしなさいよ」

と言われたものの、

「ならば、おまえやってみろよ」

と言い返したかったが心の中にしまった。私は三十代半ばだった。ステージ後は、ただただ放心状態だったが、チャンスをもらえたことがとても嬉し

ロイヤル・アルバート・ホールでの「ワールド・ヘアドレッシング・コングレス」[1982]

かった。観衆が千人、二千人のステージは今でもあるが、六千人を前に一人でステージを行うなんて、今思い返しても断崖絶壁から飛び降りるような無謀なことだった。だが、この経験は何事にも代えられない財産となった。ラムスデン氏は、欧米で一人の美容師をスターに育成しようとしたら十代から準備を始める。高賀さんからの依頼でラムスデン氏とプロデュース契約をしたのは、私が三十二歳のとき。ラムスデン氏からは、初め、

「スタートが遅い」

と言われた。しかし、ロイヤル・アルバート・ホールを終え、高賀さんに

「プールの中に突き落としたら、泳いで対岸に渡れた」

と、ある意味、合格点の評価をもらい、美容師としての目標も明確になり、以後のステップアップの大きな原動力になった。

ロンドンでのショーはうまくいったと思う。経験は少なかったが若さで乗り切り、いまだに一番ではないかと思っている。

一九八四年、ニューヨークのカーネギーホールでは、山野愛子ジェーンさんの二代目襲名披露と合わせて、ニットデザイナーの齋藤都世子さんと三人で「ジャパン・トゥデイ」というショーをした。

日本でもヘアショーをした。四十歳を過ぎた頃、資生堂はパリに美容室を持っていた。アレクサンドル・ズアリさんというイケメンの美容師がいて、パリの社交界に出入りしていた。資生堂はズアリさんの協力のもと、エッフェル塔が見えるアルマ橋の近くに「アレクサンドル・ズアリ・ビューティー・インスティテュート」をオープンした。

さらにマリア&ロージィのカリタ姉妹が一九四〇年代に始めた老舗サロン「カリタ」が、パリの高級ブランドの店が並んでいるフォーブル・サントノーレ通りの一角にあり、大繁盛していた。私が美容師に成り立ての頃から、既に有名な美容室だった。姉妹が亡くなった後は甥のクリストフさんが代表になった。その後、今は違うが資生堂がブランドの権利を持つことになった。

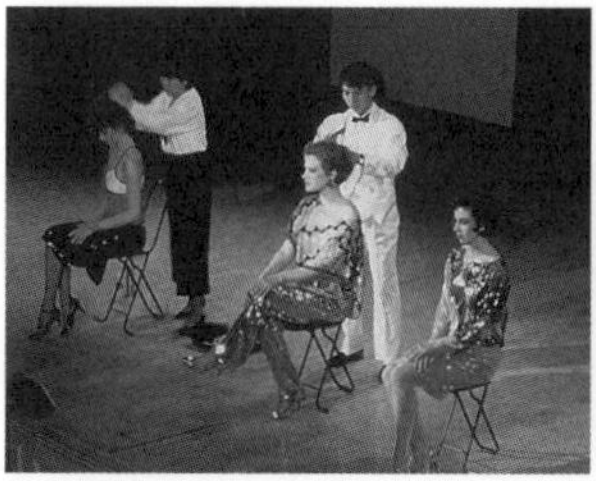

ニューヨークでのショー「ジャパン・トゥデイ」(カーネギーホール)に出演[1984.2]

そこで資生堂が日本代表の私を含む三人のヘアショーを一九九〇年に東京で企画した。三人が別々のテーマで作品を発表する三部構成だった。

「雪月花」

というタイトルがつけられた。

「月」を担当した私は、三日月をイメージにヘアスタイルをつくった。シルバーのタートルの長いドレスを着てもらい、それもメタリックな光沢感のある素材の服だった。頭はショートヘアに半円形の月のような造り物を足して、ミステリアスな世界を演出した。

「雪」はクリストフさんで、フランス風なエレガントな作品。ズアリさんが「花」だった。カラフルで大きなコサージュをたくさんあしらった華やかなヘアスタイルを見せた。

海外で経験を積んでいたこともあって、知恵もついてきたし、技術的な見せ方も分かってきた。自分のやりたいこと、思っていることが、ほぼできるようになっていた。自信もついてきた。ヘアショーが楽しいものになってきた。

ショーの構成について、私に対して、こうしろ、こうしたほうがいい、などという人は誰もいなかった。すべて独学、自分で切り開いてきた。三十代半ばを過ぎた頃から、私独自の感性を出せるようになってきたと思う。とにかく先駆者は誰もいなかった。広告の世界はフォトグラファー、アートディレクター、デザイナーの世界だった。ヘアショーはすべて私の世界になり、現場ですべて解決しなくてはならない事項や予定通りに進まないなど、困難もたくさんあったが、やりがいはあった。

この後も、イタリア、ハンガリー、ドイツのベルリンとハンブルグ、スペインのバルセロナ、マルタ、タイ、マレーシア、香港、台湾、シンガポール、インドネシア、中国の北京と上海、ブラジルのリオデジャネイロを回った。世界中を回ることができたということは、それなりの評価は得たのだろう。

私が心掛けていたことは、私は資生堂の一人であるという自覚をいつも持つこと。

「資生堂の美」

という言い方がされる。社内でもよく使う。

「資生堂は美しい生活文化を創造する会社」

とか。ものづくりに対する美意識が高い会社だった。高賀さんも、

「美容は、単に店頭で、髪や顔がきれいになるのではなくて、美をつくる、それは文化をつくることなの」

とよく言っていた。問題は、それを私がいかに実現できるかだった。美に対する感度をいつも高めていかなければいけないと思っていた。でもそれは、もしかして、実は〝大竹流〟だったりするのかもしれないのだが、それが評価を集めれば〝資生堂流〟とされてもいいかなという思いは密かにあった。

私自身は、貧乏性で、すべてをこなさないと気が済まない。なんでもやってしまう。ロンドンのときも、十人ぐらいのチームをつくったのだが、私が一番働いた。全部に自分が関わっていないと気が済まない。分担していても、すべてに関わろうとするところが、性格かもしれないが、あった。

衣装や音楽は、スタッフとして現地に連れて行けないので、日本で専門家と打ち合わせをして、この衣装がいい、この音楽でいこうと決めていた。三十代後半になると、すべて自分で決めて、やるようになった。

音楽は強弱がはっきりしたもの、メロディがきれいなものを選んでいた。めりはりのあるドラマチックなものがいいと思っている。大方の人がいいと思う曲を探し当てて、かつ自分の気持ちが高ぶるものでないといけない。舞台に立つのは私なのだから。気に入った曲は、何度でも使った。

大きなショーのときは、演出家がつくことがあり、演出家との打ち合わせになる。何案か出してもらい、その中からこれがいいと私が選択したりした。

「大竹さんのショーを見ると、いつも感動してしまう」

と言ってくれる方は結構いる。でも、ヘアスタイルがいいから感動したのではないと思っている。音楽やライティング、モデルの動きなど、すべてが調和してこそ、感動が生まれるのだと思う。私は、単にヘアデザインだけではなく、ショーのパフォーマンスを仕上げることが仕事だと思っている。

私がヘアデザインを仕上げる姿をどう見せるかも大事なことだが、モデルの美しさをどう見せるのか。ヘアが仕上がった後のモデルの動きを重要視している。

「わぁきれいだな」

と思わせるように。だから、私自身はなるべく早く引っ込んで、後はモデルを見てもらう。二十分のショーだったら、まず、仕上げた全員のモデルのヘアを見てもらい、次に二、三人のモデルをそれぞれ五分以内でヘアスタイルをつくる。あとはモデルの動きによってヘアスタイルを堪能してもらう。

モデルは、ただ歩き回るだけではない。どこかで立ち止まる。また動く。その〝間〟が大事だと思っている。日本人は古くからリズムやテンポを問わず〝間〟という感覚を大切にしてきた。間があると、説得力が出る。新人のモデルだと間が取れないので、舞台の上をサッサと歩いて、すぐに引っ込んでいく。場数を踏んだモデルは、間を保てるようになる。決めるべきところでポーズがとれる。見せ場のつくり方が重要になってくる。そんな間の取り方を自分に置き換え、勉強させられたりする。

ヘアショーを始めたとき、広告やファッションショーの仕事をしていて良かったと思った。一流のプロのフォトグラファーがいて、グラフィックデザイナー、アートディレクター、ファッションデザイナーがいて、それぞれの視線が入ってくる。スタイリストもいる。その中で、

〝これはいいよね〟

〝これはバツだよね〟

〝違うよね〟

という審美眼をそれぞれが持っていて、それが掛け合わさって、一個の作品になっていく。日々スタッフといることで、それが分かってくる。どうすればいい作品になるのか、その段取り、流れを把握することができる。

ファッションショーの仕事をすると、洋服のデザイナーがメインなので、高名なファッションデザイナーが立ち会うことになる。それでも良くも悪く

も、洋服の魅力を引き出すのがヘアメイクだと思っている。演出やライティングによってもいくらでも魅力的に見せることができる。総合芸術に近いものだということを学んだ。

もちろん、ヘアメイクが足を引っ張ってはダメ、失格だ。ヘアメイクで洋服や全体の雰囲気をダサく見せてはいけない。次からオファーは来ない。

〝この洋服はきれいだね〟

〝素敵だね〟

〝モデルの動きもいいね〟

モデルの動きと着こなしで、洋服が素敵に見える。そうするのが我々プロの仕事であり、私自身の審美眼が鍛えられた。常にステージ裏からのぞいて、全体のバランス感度を身体に徹底的に染み込ませた。

私のように広告やファッションショーの仕事をしてきたものがやるヘアショーでは、おのずとふるいにかけることを心掛けてきた。これをやるとやり過ぎ、これをやると下品でダサくなる、これをやったらいいかも、と自分なりに調整する。それを経験していない美容師は、その〝勘〟をつかむまでに時間を要することになる。

ヘアショーでは、技術を披露することも大事だけれど、それ以上に、美意識、表現するための感性をいかに発揮できるかだ。広告やファッションショーの仕事を通じて学ばせてもらった。これは私の宝になっている。技術の重要性は身に沁みてわかるが、技術ありきより、感性をどう表現できるか、表現できれば、人に感動として伝わる。技術が前面に出ると、硬くなったり、重くなったりする傾向になる。

「技術は感性を輝かせ、感性は技術を輝かす」。

これは私の経験から生み出した持論だ。まさに車の両輪の関係である。

ヘアショーでの自分の美容師、ヘアメイクアップアーティストとしての作品は、シビアに評価される。ダイレクトに評価される。私自身の評価になる。となると、腕を上げなくてはと思う。上げられるかどうか不安もあったけれど、ヘアショーの仕事が増えていく中で、チャレンジしようという意気込みが出てきた。

すでに触れたことだが、私自身は、自分の仕事を認められたいという気持ちが若い頃から強くあった。内気で内向的だったのに、大勢の渦の中に巻き込まれていく人生を良しとはしなかった。


ヘアショーは私が一番やりたかった仕事だった、と今になって言うことができる。

広告の仕事におけるヘアメイクの仕事は、バックグラウンドでしかない。表に出ない。大勢いるスタッフの一人にすぎない。スタッフとして長く活躍する人もいるけれど、新陳代謝が速いから、キャリアより、若さとか、アイデアが優先される。ヘアメイクアップアーティストとしてはベテランかもしれないけれど、頭はカチンコチンでデザインが流行遅れでは、いくら有名でも使いたくなくなるだろう。

今舞台では短い時間でヘアをつくるようにしている。そのスピード感や完成度で勝負をしている。時間をかければ、それなりにきれいなものはできる。完成するまで三十分もかかってしまったら、観客はどう感じるだろうか。それをありがたがる時代もあったが、時間の価値が変わっている現代、ヘアのデモンストレーションを長い時間見せられたら、観客は眠たくなるだろう。舞台で見せるべきことは、変わり身の早さであり、それが驚きを生む。達成感、スピード感が観客を魅了する。これは私自身のこだわりにもなっている。

もちろん、完成したヘアスタイルがひどいものだったら、誰にも受け入れられない。あるいは、前衛的というか、奇妙奇天烈なものだったらどうだろう。私は納得がいかない。正直嫌いである。モデルも衣装もきれいに見えて、動いたときのバランスが何より良くなくてはならない。ただし、新しさは必要だ。〝その場にふさわしい、美しいもの〟を追い求めなくてはいけない。

もう七十代になってしまったが、今もヘアショーに立っている。あるヘアショーの後、

「大竹さん、年々速くなりますね」

と見学された方から言われた。

「五分計算のところが、三分でできた。凄いですね」

と。実は、モデル一人当たり余裕を持って五分の時間をもらってはいたが、私自身の目標も、三〜四分だった。

私はたまたまヘアショー中心にやってきたから、今も出番があって、お声がかかったりする。広告の仕事だけをやっていたら、ヘアショーの仕事など来なかった。全く別物だから。ヘアショーのライブ感は今も心地よいと思っている。

高賀さんの引きで、コンテストに出たり、ヘアショーを開催することができた。感謝しなければならない。ヘアショーをこなしていく中で、『花椿』の仕事を始めたり、日本の美容雑誌からオファーが来るようになった。それこそ、毎月のように作品を発表していた。こちらからの売り込みではなく、雑誌社側からの依頼だった。

だから広告の仕事に未練は無かった。別にもう広告の仕事はしませんと宣言したわけではないのだが、特に『花椿』の仕事をするようになり、自分では、こちらの方がおもしろいと思うようになった。

ただ冷静になって振り返ってみると、広告の仕事をしてから、ヘアショーの仕事をして良かった。おかげで『花椿』の仕事もこなせた。これが逆だったら、どうなっていたか。今の私は無かっただろう。

『花椿』は、私が美容学校に入った頃すでに頭角を現していた仲條正義さんが、アートディレクションとグラフィックデザインをしていた。藝大を出て、四、五年は資生堂宣伝部所属だったのだが、退職して独立、自分の事務所を持った。『花椿』の仕事を始めたのは、一九六七年からとのこと。この年に私は資生堂美容学校に入った。

その私が、資生堂に入って、『花椿』の仕事に関わり始めるのはパリコレ参加後で、平山景子さんが編集長の頃。毎月出ている雑誌ということもあり、撮影に立ち会うチャンスが多くなった。

当時、『花椿』のような雑誌は見当たらず、唯一無二の存在だった。一般のファッション誌と比べても、その存在感は際立っていた。お金をかけたというだけではなくて、アイデア、アートディレクションの力がかなり勝っていた。

『花椿』の部数が伸びた時期は、おしゃれへの欲求度も高まっていた。それも都市部の女性だけでなく、地方にいる女性たちだって、おしゃれに目覚め始めた時代だった。高度成長に合わせて、日本女性の感性は磨かれていた。

すると、資生堂が切り開いてきた先端的な情報や物が、『花椿』を通じて浸透していった。資生堂は、高級化粧品から日用品まで取り扱う企業で、オールマイティの会社だったのだが、高度成長期以降、ブランド価値を高めていくことに力を入れ始めた。

そのために広告があったし、『花椿』も文化性を高めていったのではないかと思う。一九八〇年代の初めまでは、デパートの資生堂カウンターや化粧品店にやってきて、化粧品は買わずに、

資生堂の企業文化誌『花椿』
（撮影：三浦憲治）［1993年4月号］

「『花椿』ください」

と受け取っていった人たちがいたという。そのぐらい人気があった。美術系の男子学生ももらいに来ていた。教本だったのだ。デザインを勉強している学生たちにとっては、とても気になる雑誌だった。プロのデザイナーも手に入れていた。最高部数六百万部だったときもある。額面では百円となっていたが、無料配布していた。後に有料になる。全盛期の『花椿』の仕事に関わることができたのだから、私は幸せだった。

『花椿』の現場は、それまで関わった仕事とは違っていた。撮影が始まると、事前の打ち合わせ通りには進まない。その場で、こうしたほうがいい、ああしたほうがいい、といった意見が飛び交い、臨機応変にヘアメイクを手直しすることが多かった。だからといって面倒だな、と感じることは無かった。ファッションを生き物のように扱う、興奮を覚えるライブ感があった。これまでの仕事には無かった刺激があった。広告の仕事は、現場では大きな変更無しで、あらかじめ決まった世界観を表現することに主眼が置かれていたから。

現場での変更は苦労の連続だったけれど、チームワークも良かったし、私は、どちらかというと、引っ込み思案な性格で、人前に出ても、割り込んで入り込むといったことができないところがあったのだが、うまくチームの中に入り込み、仲間になることができ、お互いを認め合い、ああでもない、こうでもないと言い合いながら、作品も、水準以上のものをクリエイトすることができた。だから長く続いたし、振り返ってみても、いろいろな仕事をしてきたけれど、『花椿』の仕事がいちばん楽しかった。

ヘアショーは、私が中心だった。私の周りにスタッフがいた。『花椿』は、チームワークでやる仕事だった。どちらがいいかではなく、私は両方を求めていた。どちらも、いいものをつくりたいという一心で仕事をしていた。

ビューティーのページがあって、編集長の平山さんと意見を出し合って、例えば、眉を太くしてみるとか、海外の最新メイクを紹介しようとか、洋服は、こんなものが流行りそうだから、それに合わせたメイクはこうしたらど

『花椿』中国ロケ［1987.5］

うだろうとか、ヘアスタイルはこうしようと、ページの中身を決めていく。すべてがチャレンジで、斬新なページになった。

ファッションの特集ページは、仲條さんが、ほとんどイメージづくりをして、それに合わせたメイクやヘアを考えた。

資生堂の上層部から表現に制限を掛けられることは無かった。もしかすると、編集長にはあったのかもしれないが、現場までは降りてこなかった。現場が自由にやることで、クオリティの高い誌面が生まれ続けた。社内にもファンが多かったのだろう。

私の部下を連れて、『花椿』の仕事に参加したことがある。彼女は面食らったという。

「私たちの前で見せる大竹さんとは、だいぶ違っていたので。私からすれば、師匠でトップなわけで、偉い人だった。ところが『花椿』の現場では、仲條さんや編集長から、それ違うんじゃないと言われることが結構ある。私たちには絶対に言えないこと。それなのに大竹さんは、それこそ楽しそうに『分かった』『こうやるから』『これでどうですか?』とやりあっている。より完成度の高い作品づくりを目指し、チームの一員としての大竹さんのチャレンジ精神と柔軟な対応力を垣間見ることができ、新鮮だった」

注文をつけられても、楽しそうにしている。驚きでしかなかったようだ。

当時注目を浴びていた、アレキサンダー・マックイーンの洋服でページを構成することになった。最先端の服をどうイメージアップするかを仲條さんと平山さん、フォトグラファーの富永民生さんらが話し合って決めていく。マネキンに着せただけでは面白みに欠けるので、海辺で、映画のようなシーンを撮ることにした。ヘアとメイクはクラシックなものと要望が出て、モデルにはウィッグを被ってもらい、クラシックなウェーブをつけたのを覚えている。

素人のモデルをオーディションして十二人を採用し、「十二の顔」と題してひと月ごとに表紙にしたこともあった。これをきっかけにして、プロのモデルになった人もいたし、ミュージシャンとして活躍した人もいる。本人のプロフィールには載っていないので公表できないが、有名女優として今活躍している人もいる。まだ宝塚に入る前で、私がヘアメイクを担当した。存在感のある背の高い人だな、と思ったぐらいだ。後年、宝塚でトップスターになったことを知り、驚いた。

年末になるとハワイで撮影したりしていた。ある年は、テントで撮影していたら、突風が吹いて、モデルがテントに巻き込まれてしまい、あわやということもあった。幸い怪我も無く、撮影を続けることができた。

ロンドンにいる世界トップの帽子デザイナー、スティーブン・ジョーンズの作品集が出版された。私は撮影を一緒にやったことがあり、そのときのネガが残っていないかとの問い合わせがきて、提供した。『花椿』と、仲條さんにアートディレクションをしていただいた私の作品集『ヘア&メーキャップマサ大竹の方法』（求龍堂）での仕事だった。提供した写真は彼の作品集の"Tokyo"というページに掲載された。

二十代後半から始めて、五十代後半ぐらいまで『花椿』の仕事をしていた。

『ヘア&メーキャップ マサ大竹の方法』
（アートディレクター：仲條正義、刊行：求龍堂）
［1989.9］

四十代後半になると、私がビューティークリエーション研究所の所長になったこともあり、後輩にバトンタッチしていった。

ところが、仲條さんは、相変わらず『花椿』の仕事をしていて、顔を合わせたら、新しく編集長になった小俣千宜さんや編集室の吉田伸之さんとともに、

「今度イタリアに行くんだけれど、一緒に行かない？」

などと言われて、思わず、

「行く、行く」

と返事をしてしまった。『花椿』の仕事には未練があったということだ。時間調整をして、何年かぶりに『花椿』の仕事で、ミラノ経由でヴェローナまで行った。

『花椿』の仕事で辛いと思った経験は無かった。『花椿』から依頼があると、すぐに心がウキウキしてくる。自由に表現できたからだろう。ああしなければいけない、こうしなければいけないといった束縛感が無かった。

『花椿』ロサンゼルスロケ［1992.4］

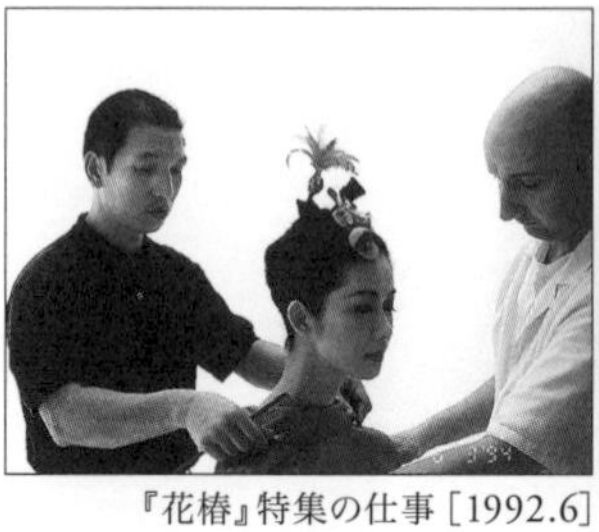

『花椿』特集の仕事［1992.6］

　仲條さんとぶつかったこともなかった。仲條さんには、大先輩だが一緒に仕事ができる幸せみたいなものを感じさせる人柄の良さがあった。デザイナーやフォトグラファーの人たちには、気難しいタイプの人がいる。実際は、そういうタイプの人たちの方が多かった。仕事が終わった後、気まずさばかりが残る。ところが、仲條さん自身も、仲條さんがチョイスしたフォトグラファーも、性格が良くて、いつも気持ちよく仕事ができた。才能のある人を起用するのがうまかった。現在、仲條さんは八十代半ばになられたが、若い人が敵わないほどのデザイン力を今も発揮している。デザイン界の巨匠と言っていい。資生堂パーラーの包装紙やパッケージのデザインも仲條さんだ。

　広告の仕事をしていたときは、気まずい思いをしたこともある。フォトグラファーは、その道の大御所で威厳もあった。私はまだ若造だったし、近寄れないオーラがあった。怒鳴られたことは無かったが、一度、撮影に後輩を一人で行かせたら、一発で泣かされて帰ってきた。私はその現場にいなかったので、詳しいやりとりは分からないのだが、単に相性が悪かったようだ。

体調を崩されていたが、あるパーティで再会したことがある。その時、

「大竹君、また撮影の仕事をしようよ」

と言ってくださり、とても嬉しかった。大御所から「仕事をしようよ」と言われたのだから。そんなことを自分から言う人ではなかった。どこかで私の仕事を見ていて、評価してくれたのかもしれない。

ヘアショーや『花椿』の仕事で、世界の各地を訪ねることができた。異文化との出会いになった。フォトグラファーをはじめとして、一流のスタッフと付き合い、いつも感性を刺激された。何よりファッションへの感度や美意識を養うことになった。

一九七〇年代の終わり頃だ。一人の女性のライフスタイルに焦点を当てた著名なコピーライター・土屋耕一氏による

『彼女が美しいのではない。彼女の生き方が美しいのだ。』

という資生堂「インウイ」のキャッチコピーがヒットしていた。私はヘア

メイクを担当した。舞台はニューヨークだったのだが、この頃はよくニューヨークに行っていた。仕事のスケジュールが調整できなかったとかで急に休みの日ができると、地図を片手にニューヨークの街を歩いた。

二十五歳のときに、初めて行った街でもあり、その頃は、治安面で怖い街という印象だったけれど、三十歳を過ぎてから歩くと、確かに怖さを感じることはあるものの、これが世界の最先端の街なのか、という思いの方が強くなった。

東京には感じられないものがあった。高層ビルがいたるところに聳え立っていて、その迫力を肌で感じたものだ。そして道がまっすぐに整備されている。東京のように曲がりくねった道が無い。何度か行くたびに、ニューヨークで都会と言えるのは五番街の狭いエリアだけなんだと認識し、欧米に対する引け目が無くなったのも確かだ。

時間があれば、高級百貨店の「サックス・フィフス・アベニュー」や「バーグドルフ・グッドマン」、セレクトショップの「ヘンリベンデル」に足を運んだ。大きなウインドーがあって、マネキンが並んでいる。ファッションの最先端の動きがたちどころに分かるので、とても勉強になった。だから、ニューヨークに行くと、真っ先に五番街に行くようになった。この一角がアメリカのファッション界を動かしていると思う。

パリは、街全体に漂う情緒感があった。石畳の街で、雰囲気として優雅なものがある。ただ、パリに行っても、日本人の好きなシャンソンは流れてこない。日本で流れているシャンソンは、若いパリ人は聴いたことが無いそうだ。古い古い音楽とのこと。

ニューヨークとパリは両極に位置している。そのどちらの街にも、五十回以上行った。すべて仕事で行った。とは言っても、海外なのに、仕事をこなしたらトンボ帰りしているようなものだった。これは言い訳でしかないかもしれないが、これだけ行っておきながら、英語もフランス語もいまだに全く話せない。私自身、インターナショナルではなく「ディス・イズ・日本人」でしかない。語学学校には一応通うことは通った。でも続かなかった。仕事が忙しく通えないということを理由にして辞めたのだが、実際は挫折したということだ。外国人と会話するときは、ブロークンで、単語を並べて理解してもらう方法をとっている。ヘアメイクアップの現場では、言葉無しでも動作で通じ合うもの、と私は勝手に思っている。

プライベートでは、海外には数えるほどしか行っていない。資生堂に入社して、二十年経ったとき、二十年表彰で休みをもらえ、幾ばくかの祝い金も出してくれる。社員の多くが、海外旅行をしていた。私も女房とまだ小さかった息子と娘を連れて、グアムに行った。三十年表彰のときは、女房と二人で、イタリアに行った。風光明媚なだけでなく、食べ物もおいしいということだったが、初めての二人での海外旅行だった。

何年か前、女房と娘に女房の友達も加わって、ハワイに行ったこともあるが、夫婦でとなると、二〇一七年十月に行ったパリが久しぶりの旅だった。パリやその周辺は、仕事絡みが多く、ゆっくり巡ったことが無い。テロの不安はあるけれど、念願のフランスの旅を女房とする。忙しかったし、その罪滅ぼしも兼ねてだ。女房にとっては初めてのフランス旅行になる。私が絵描きを志していた頃から憧れていたフランスのパリを女房にも知ってほしいと思っていたから、思い出に残る旅路になった。

結婚したのは、私が三十歳のときだった。美容学校の時代から、女性が多い職場にいたのに、特定の女性との付き合いは無かった。次々と(?)恋にふける友達もいたけれど、私には地方出身者だというコンプレックスがあったのだと思う。女性たちと仲良くなることができなかった。それ以前に、もてなかった。

だからなのだろう。仕事は仕事と割り切っていた。中には、女性と親しくなりたいから美容師の世界に入りたい、というモチベーションの人もいただろうけれど、私はそうではなかった。何より食べていくために、手に職をつけて、仕事をしたかったのであって、美しい女性と接するというのは、あくまで副次的なことだった。

若い人たちに言いたいことなのだが、仕事とプライベートははっきり区別するべきだ。それをしないと美容師という仕事はやっていけない。高賀さんからも、仕事とプライベートは分けるようにと、厳しく指導された。ただ、ここまで言わなくとも、モデルとばかり接していると、美しい女性という存在に慣れてしまうのか、いちいち恋心など抱かなくなる。

私の女房は美容学校の同級生で、仲は良かった。同じ仲良しグループにいたのだが、恋心を抱くまでには至らなかった。卒業後、彼女は、日本橋白木屋の資生堂美容室に勤務した。それが美容技術研究所に異動してきた。私とは違う仕事をしていたが、顔を合わせることが増え、いつの間にか、付き合うようになっていた。ただし、一気に深い付き合いになったのではない。同級生と食事会をしたりすると、なぜか女房が必ずいた。くっついたり、離れたりしながらも、結婚まで辿り着いた。正式に

「お付き合いしてください」

と言った記憶が無いほどの自然な交際で、女房には確認していないのだが、

正式なプロポーズもしていないはずだ。

　私がヘアコンテストに出て、その後広告の仕事をしていた、結構忙しい時期だったのだが、身を固めておけば、どんなに疲れていても、家に帰れば、女房の笑顔に出会えるわけで、私にとっては必要不可欠なことだった。彼女は結婚を機に専業主婦になったが、もともと同業者だったので私の仕事をよく理解してくれた。海外出張が多くても快く送り出してくれたし、一度も仕事のことを問い質さなかった。私は自由に仕事ができた。それは心から感謝しなければならない。

　結婚式を挙げたのは映画『ベルサイユのばら』を担当していたときだった。この映画と広告の撮影日程がなかなか調整できず、結婚式の日程もギリギリまで決まらなかった。最初、新婚旅行をどこにしようかということになり、スペインに決めた。旅行会社には前金を払っていた。ところが、女房が妊娠していることが分かり、海外旅行はリスクがいろいろ生じるかもしれないとのことで、断念した。そこで行った新婚旅行先は、日光。金谷ホテルに宿泊した。以前撮影の仕事で行ったことがあったので、金谷ホテルにした。日本で一番か、二番目に古い由緒あるホテルだった。結婚式を挙げた五日後、私は単身でスペインに行き、広告の仕事をした。

若い頃は、海外から女房宛に、絵葉書を必ず出していた。結構律儀に出していた。十年は続いたと思う。いつかの引っ越しのときだったか、その絵葉書が出てきたことがある。女房が大事にとっていたことが嬉しかった。

長い間、波乱も無く、夫婦として過ごせたのは、なぜだろう。秘訣などあるのですか、と訊かれることもある。強いて挙げれば、必要以上のことは訊かない、お互いを詮索しない、ということかもしれない。私は家では、ものぐさだ。休みの日は犬の散歩に行ったり、観葉植物を育てているだけだ。女房は最近、地域のボランティア活動に勤しんでいるようだが、これまでも、これからも、彼女の生き方を尊重することにしている。

第六章　「アトリエMASA」「美容学校」で教育に尽力

一九八六年、三十七歳で、資生堂ビューティーサイエンス研究所の参事になった。管理職になったということだ。資生堂美容技術研究所が総合美容研究所に変わり、さらに資生堂ビューティーサイエンス研究所になった。時代とともに名称が変わっただけで、私自身は、同じ部署にいた。

当時、資生堂の中に美容師資格のランク分け制度があった。それぞれのランクに条件があり、達成できればランクが上がる資格制度だ。私は役職など気にせず仕事をしてきたが、私のような世界を駆け巡る男性美容師が出てきて、管理職というポストへのチャレンジの道も開けてきた。管理職になるということは、今後は人材育成をしてもらうという意味合いがあるのだと、私は解釈した。

高賀さんは部長職にまで進み、役員待遇になった。高賀さんの後に総合美容研究所の所長になった女性美容師がいて、次長職に就いた。私より十二歳年上の人で、高賀さんの下で製品グループにいて、官能検査を担当していて抜擢された。その後、この珍しい系列では、男性で管理職に就く美容技術者は、私が初めてだった。

資生堂に勤める会社員ではあったものの、ごく一般的な会社員としてまっとうしようという気持ちは無く、たまたま美容学校から資生堂に入り、うまく道筋ができ、美容師として歩むことができた。これは資生堂のおかげであるという思いしかなかった。ほかの選択肢を考えたことが無かった。自分が歩んで来た道でポジションが上がっていくだけ、それでいいのだと思っていた。資生堂には男性社員が結構いて、それも大卒ばかりで、熾烈な出世争いをしている。私は、その中にはいなかった。だから「出世」外の世界にいたはずだった。

それなのに、参事を任された。凄いことになったと思った。それも、参事になるのは、大卒の社員でも、四十代前半だった。私は「出世」が早かったことになる。高賀さんはもうリタイアしていたので、高賀さんの引き回しではなかった。ということは、高賀さんが上にいて私を鍛えていた時代ではなくなっていたわけで、自分で何事も対処しなければいけなくなった。

参事になっても、意識はそんなに変わらなかったのだが、役職をもらったことは、正直嬉しかった。大卒ではないのに、こんな地位に就いていいのかなと思ったのと同時に、大卒の人にはできないことがあるはずだ、それをやろうという思いが強く出てきた。同じ土俵には上がれないが、違うことで、会社に貢献できることがあるはずだ、という思いだった。

二年後、課長になった。このとき、大卒の人たちと一緒に管理職教育を受けた。当然なことだが違う世界だなと強く思った。そこでの講義内容は、私にはチンプンカンプンだったからだ。女性はゼロで、全国から何百人もの人が集まっていた。

例えば数値が示されて、経営についての説明がある。

「皆さん、これぐらいのことは分かりますよね。分からない人はいませんよね」

と講師が教室を見渡しながら言う。

「全く分かりません」

と思わず手を挙げたくなった。もしも数人相手の講義だったら、私が指されて、意味するところを答えなくてはいけないこともあっただろう。何百人もいるのだから、それはないと高を括った。手を挙げることはしなかった。

三十九歳で課長職になったことで、やりがいのある仕事を任されることになった。

「アトリエＭＡＳＡ」

を新組織として発足させ、その課長になれ、という辞令が下りたのである。

個人名をつけた課は、資生堂では、今のところ、最初で最後になっている。一般企業ではありえない発想だった。一九八〇年代にファッションの世界では、DCブランドが出てきた。企業ではなく、個人が注目されるようになった。高田賢三さんや菊池武夫さんがデザインした服が注目され、個人の感性を売る時代になってきた。それもあって、資生堂に「アトリエMASA」が誕生した。

自分の名前がついた課ができたのだから、当然嬉しかったけれど、緊張感や圧迫感はあまり感じなかった。普通にやっていけば、できないことは無いと思っていた。それだけ自分がこれまでやってきたことに、自信のようなものがあったからだろう。

ただ「アトリエMASA」は、まだひよっ子でしかない逸材を他流試合ができるまでに育てていくことが使命だった。資生堂の宣伝部には、一流のアートディレクターやデザイナー、フォトグラファーがいる。その中でヘアメイクアップをすれば、そこそこの仕事はできる。気心の知れた仲間同士だから、スムーズに仕事ができて当たり前だ。しかし、これだけでは本人にいかに能力があっても、その力は頭打ちになる。そうではなく、社外で切磋琢磨している一流のアーティストと互角に渡り合えるヘアメイクアップアーティストを生むことが、人材育成の目標になった。私自身、資生堂の媒体だけでなく、一般のファッション誌や美容雑誌で多くの仕事をこなし、それが力として蓄えられていった。

時代は広告の仕事はフリーランスがこなすようになっていた。だから、「アトリエMASA」は意識的に資生堂の仕事をしなかった。ファッションショー、ファッション誌の仕事をしていった。クレジットも、資生堂の名前は外して「MASA」のみにした。

そうすると、注文が結構くるようになった。さすがに同業他社の仕事はできなかったけれど、そうでなければ、企業からの依頼も引き受けた。広告の仕事もした。「他流試合」をこなしていく――これには場数を踏むことが大事なことで、その中で、うまくいくこともあるけれど、試練になることもある。しかし、それを乗り越えるノウハウも蓄積されていく。だから腕も上がる。その繰り返しだった。他流試合の対価は「アトリエMASA」の活動費に充てた。諸経費は資生堂が負担してくれたが、材料費などは、すべて自分たちで捻出していた。自分たちで活動費を稼ぎ、黒字化した。

「アトリエMASA」は、それまで私の海外ヘアショーのマネージャーとして、美容師を続けながら長年一緒に活動してきた安藤功さんを含め、マネージャーが二人いて、技術者が、最初は五、六人いたのだが、オーディションをして、十人ほどになった。資生堂の広告を担当していた人を引っ張ってくるわけにはいかず、ビューティーサイエンス研究所にいた美容技術者だけでは構成することができなかった。そこで社内で募集した。対象は資生堂美容室や業務用品営業部（現・資生堂プロフェッショナル）の美容技術者たち、そして資生堂美容学校の教師。そしてプロのメイクアップアーティストの養成スクール「SABFA（サブファ）」から入社したばかりの新人を加えた。

アトリエMASA［1988］

技術、感性に優れていた人を採用した。カット技術の審査をして、次に雑誌などを切り抜いて、コラージュしてもらう。試験場の机の上に、何冊もの雑誌が置いてあり、それらを切り抜いてつくる。美的センスがあるかどうかを見た。テーマを決めて、一時間ぐらいでつくる。「SABFA」の入学試験でもやっていたことだった。結局、ビューティーサイエンス研究所で広告を担当していた男性と、美容学校にいた女性の二人が合格した。各部署には独自の人事体系があり、異動は本来難しかった。それを社としてよく許してくれたと思う。

スタッフは揃ったので、後は「アトリエMASA」を成功させるために一生懸命だった。スタート時は、弟子を育成するところまではいかなかった。そんな余裕は無かったというのが正直なところだ。

それよりも、まずは仕事のオファーがどのくらい届くかだった。オファーを受けると、資生堂の名前は出さずに、ヘアメイクは「MASA」としかクレジットしなかった。隠れ蓑になった。もし「MASA（資生堂）」となっていれば、競合他社から、なんで資生堂ばかり使うんだと、雑誌媒体や広告担当者に抗議がいったと思うのだが、しばらくは競合他社には、「アトリエMASA」が資生堂の一部門だと気が付かれずに済んだ。

もちろん「アトリエMASA」は資生堂の化粧品しか使わない。そのうち「『アトリエMASA』がヘアメイクを担当するページはいいよね」という評判になり、どこの製品を使っているのかということになり、すべて資生堂だと分かり、ブランド価値を高めた。そして「アトリエMASA」自体が、資生堂の一部門だということが分かっていく。それはそれで構わなかった。それが資生堂の戦略で、狙い通りに進んだ。今、このような戦略を実行するのは難しいだろう。当時は、力のあるフリーのヘアメイクアップアーティストがまだ少なく、私たちのところにオファーが来たのだろうと思ったりするからだ。

一九八五年からスタートした日本でのプレタポルテの新作発表会、東京コレクションも「アトリエMASA」で参加した。すると、パリコレ時代から付き合いがあった鳥居ユキさんのほか、資生堂と縁が無かったデザイナーとも仕事ができるケースが増えた。花井幸子さんや、志村雅久さん、太田記久さん、比嘉京子さん、宇治正人さん、前田徳子さん、山藤昇さんといった実力派のデザイナーからヘアメイクの依頼があり、仕事をすることもできた。

「アトリエＭＡＳＡ」の時代に、ジャパン・ヘアドレッシング・アワーズ（ＪＨＡ）がスタートした。一九九〇年のことだ。毎年、顕著な作品を残した美容技術者を表彰するもので、グランプリや新人賞を取ると、美容業界で名前が知られ、専門誌から声がかかるようになる。それもあって、全国の美容師が応募してきた。美容師の登竜門的役割を果たすようになった。

才能はあるのに、埋もれてしまうことがある。持っている才能が伸びるかどうかは、環境と人である。伸ばす人がいないと、埋もれたままになってしまう。才能を伸ばす環境を与えたのが、このＪＨＡだった。日本の美容技術の活性化につながっているのは間違いない。

ユキ・トリヰ・コレクション楽屋にて［1989.4］

何より「アトリエＭＡＳＡ」の当初からの目標だった「資生堂の外に出て活躍する人材育成」の進捗を測る格好の場になった。そして私は資生堂の広告を担当しているからすごいとか、あるいは社内で自画自賛するのではなく、資生堂の美容技術力やデザイン力を公平に第三者から評価されない限り、「アトリエＭＡＳＡ」を創立した意図、狙いが達成できないと、リーダーとして思い悩んでいたから、ＪＨＡのスタートは嬉しかった。高い評価を得たいと思った。

私は、第一回からプロフェッショナル審査員の一人になった。その後十九年間、審査員の定年とされた六十歳まで務めた。今のところ、審査員の最長記録を保持している。第二回から「アトリエＭＡＳＡ」のメンバーがグランプリや新人賞を取るようになる。もしかすると、審査員である私が裏で手を回して取らせたのでは、との疑いがかかるかもしれないが、私は審査員の一人にすぎず、手を回す力など無かった。当時は、まだ「アトリエＭＡＳＡ」の知名度は低く、私以外の審査員はライバルばかり。どこかの組織を贔屓し、グランプリを取らすなど不可能だった。

一九九一年、二回目で、川原文洋さんがグランプリを獲得した。その後も、一九九三年、一九九五年と三度もグランプリを獲得した。森川丈二さんが九六年、原田忠さんが二〇〇四年のグランプリだった。

川原さんと森川さんは、その後独立し、順調に仕事を続けている。私が裏から手を伸ばしてグランプリを取らせたのではないことがお分かりいただけるだろう。もともと才能があり、たとえ私が審査員をしていなくとも、栄冠を勝ち取った人材だということだ。

原田さんも含め、三人とも「ＳＡＢＦＡ」出身だった。五反田に総合美容研究所が入った資生堂のビルがあり、名称が「ビューティーサイエンス研究所」に変わり、三階建てだったビルが十階建てのビルになったときに誕生した、ヘアメイクアップアーティストを育成するための学校だった。美容師の免許を持っていることが入学の条件で、資生堂の美容学校以外の出身者も多く入ってきた。私は創設に関わっていないので、詳しくは知らないのだが、

JHA発表会にて。森川丈二さん、川原文洋さんと(写真左)、奥原清一さん、重見幸江さんと(写真右)

当時の専務だった福原義春さんと総合美容研究所所長を退任する高賀さんの計画と聞いた。資生堂に外部の知見を入れようということになったようだ。

原田さんは、美容雑誌に「ＭＡＳＡ」の名前がよく出てくることに注目。気に入った作品が多かったから調べてみたら、「ＳＡＢＦＡ」から「ＭＡＳＡ」に行った人が多いことを知り、自分も「ＳＡＢＦＡ」に入学。卒業後「アトリエＭＡＳＡ」に採用された。今はＳＡＢＦＡの校長をしている。

私自身も「ＳＡＢＦＡ」の講師をしていたが、一九八八年、副校長になり、技術統括責任者になった。一九九五年には校長になった。それまで、実を言うと、定員割れの年もあったのだが、「アトリエＭＡＳＡ」の代表である私が校長になったことや、ＪＨＡの入賞の実績も加わり、原田さんのような思いで「ＳＡＢＦＡ」に入りたいという人たちが増え、入学のハードルは高くなった。

ＪＨＡはその後も「アトリエＭＡＳＡ」のメンバーたちがグランプリや最優秀新人賞を取った。グランプリは、神宮司芳子さんが二〇〇七年と二〇一四年、計良宏文さんが二〇〇九年、そして原田忠さんが二〇一二年に再びトップに立った。二〇〇九年からはクレジットを「ＳＨＩＳＥＩＤＯ」に変更した。

嬉しい反面、「どうして大竹のところだけが続けてトップ入賞するのか」と、ある美容師の声が美容専門誌に掲載され、叩かれたりもした。この審査は、第一線の美容師や美容専門誌の編集者によるブラインド審査なので、何ら疾しいことは無く、それだけに、業界で注目されるようになってきたことが実証されていた。

資生堂美容室一号店のスタッフ募集の折には、ある応募者から「この美容室には有名な美容師が誰もいない」と言われた、と後になって高賀さんから聞いた。そのフレーズが感慨深く蘇ってきた。

「アトリエＭＡＳＡ」は二〇〇八年に閉じたので、二〇〇九年以降の受賞者の肩書は、資生堂になった。ちなみに計良さんは資生堂美容学校の出身である。

弟子たちから言われたことがある。

「センスを磨け、と言われる、でもどう磨いたらいいのか分からない。普通は教えてもらえない。教える立場の人だって、さまざまに試行錯誤しながら自分のセンスを確立していったのだから『簡単に人に教えてたまるものか』と思っているのだろう。でも（大竹）先生は、センスの身に付け方を余すところなく披露して教えてくれる。それがいい」

ヒントだけを与える人は結構いるが、私は「こうしろ」と具体的に言う。ヒントだけを言う人は、実は自分自身よく分かっていなかったり、できなかったりする。企業の人材育成のプロセスに乗っかって育った人は発想力が不足しがちだから、マニュアル以上のことを教えることができない。私自身、振り返ると、ヘアコンテストに出たりしながら、マニュアルに書いていないことを自らの手で開拓してきた。それが感性になっている。若い人材に開拓する力をどう身に付けさせるかが肝心ということだ。

私の教え方にメソッドは無く、五十年間の経験をもとにした自分なりの審美眼でしかない。弟子の作品を私が見て、

「いいな」

「悪いな」

「おもしろそうだな」

とそれぞれを判断し、

「これはうまくいくよ」

「これはだめだな」

と言う。「だめだな」と言うときは、結構激しく言うこともあるが、罵倒するようなことはしない。

「いいか、ここをもっとこうすればいい、こうすれば、もっときれいに見えるだろう、分かるか？」

とやる。あるいは、

「写真を撮って、後で見比べてみなさい。バランスをちょっと変えてやって

みると、自分の作品なのに、こうも違うのかって分かるぞ」

と言ったりもする。何事も具体的に指摘するようにしている。様々な言葉を使いながら、感性や見方の重要性を気付かせるようにしている。

私に高等な教え方はできない。黒板に書いて教えられる理論も無い。「いいものはいい」と言うだけ。美容師の卵たちの可能性を見出す。

「ここまでやっているのなら、ここをもう少しこうすれば、良くなるぞ」

と言ったりもする。それだけだ。

このモデルだったら、こういうメイクやヘアスタイルがいい、そうすれば、モデルが魅力的になる。うまくいきそうだなと思ったりする。このままでは難しいなと思ったりもする。思ったことはどんどん指摘する。最低限の技術力は必要だが、それよりも本人が感じる力をどう育んでいくか、それを引き出すのが大事なことだと思う。

中には〝頑《かたく》なな人〟がいる。自分がいいと思ったことを、どんなモデルにもやってしまう。

「このモデルにこれじゃ似合わないよ」

と指摘する。すると、

「どこが似合わないんですか」

とくってかかる。そんなときでも、

「似合わないものは似合わないんだ」

と言うだけだ。感性なのだから、理論的には説明できない。しかし、そんな状況でコンテストに出たら、まず各審査員から高い評価を得られないことは充分見えている。

このままいっても、まだセンスが確立されていないので、とんでもない方向に育ってしまうかもしれない人もいる。

「こっちへいってしまうと、道に迷うよ。だからこっちへいった方がいいよ」

とアドバイスする。しっかりした道を歩んだ人は、コンテストで結果を残している。

鶏の雛《ひな》は卵の殻を割って外に飛び出す。殻の中にいる雛は世の中に出たい。

人材育成では、殻を叩いてひびを入れる人がいないと、次のステージに飛び立たない。禅の教えにある「啐啄《そったく》同時」である。殻を中から突付いて出ようとするのが「啐」、外からひびを入れるのが「啄」、同時にするということは、外からひびを入れる「師」が適切かつ素早い教示を与えないとうまくいかない。ひびを入れるのが私の役割だと、ずっと思っている。叩き過ぎると、殻は割れてしまう。すると雛を殺してしまうことにもなりかねない。程よい力で叩いて、雛が出やすいようにしてあげること。雛には、自分の力で殻から出てきた、と思わせなくてはいけない。そのタイミングが重要だ。

コンテストでグランプリを勝ち抜くのは、九十九パーセントは本人の力。でも一パーセントの叩く人がいないと、力はあっても芽が出ないこともある。叩き方、ひびの入れ方は、早くてもいけない、遅くてもいけない、いい時期に殻から出てきたなと感じさせてあげることが、我々指導者の役割と思っている。それがうまくいくと、豊かな才能を発揮していく。

森川丈二さんが、雑誌のインタビューに答えている。

「僕の師匠は後にも先にも大竹さんで、若い頃は大竹さんぽいね、と言われた時期もありました。感覚って染みついていくもので、師匠から教わったものや影響を受けたものは学んでいくうちに自分の血となり肉となっていくんですよね。と同時に自分らしさというものが今度は出てくるんです」

こういう育ち方がベストだと思う。

普通の美容室であれば、創業者がいて、先輩がいる。今はサロンを数軒持っていれば、企業化して、創業者が社長、先輩連中が幹部になる。私が幸せだったのは、上司や先輩に恵まれていたこと。そして、店を持たなかったことかもしれない。私には息子と娘がいるのだが、二人とも美容師の道へは進まなかった。もしも、私が店を持っていたら、その後継者は血のつながった者にしたいと思い、子どもたちを美容師の道に進ませたかもしれない。そうせずに済んだ。

要するに、利害関係が無く、純粋に技術的な部分で、やりたいことをやってきた。資生堂の枠内という条件はあったけれど、振り返ってみても、やりたいことをやらせてもらった。資生堂は度量が大きいと思っている。

おかげで、私の後に続く者たちに対し、ジェラシーを感じることは無かった。私は我が道を行く。部下たちは、部下たちの道を行って、私を越えていく。それでいいと思ってやってきた。マサ大竹の第二号、第三号が次々に出て来るのではなく、自分らしさを出せる人たちが育った。それが技術力や表現力の進化につながった。原田さんにしても、計良さんにしても、私のセンスや表現とは全くといっていいほど違う。学生たちは、それらを見せられて、選択肢が増えるわけで、それはとてもいいことだと思っている。

一九九五年、ビューティークリエーション研究所の所長になった。だから同時にＳＡＢＦＡの校長に就任したのである。部長格だった。それまでの慣例では、資生堂では五十歳を過ぎないと部長にはなれなかった。それが四十七歳で部長になってしまったのである。美容の分野で部長になったのは、高賀さんと私だけ。男では初めてだった。高卒で美容学校を出ただけの私が、資生堂という大企業の部長になるのだから、社内で話題になっただろう。

それまでのビューティーサイエンス研究所の商品ソフト開発分野は、横浜に移った。美容ソフトである商品開発にあたるためで、横浜が開発の拠点だった。その後の整理統合で、今は存在していない。ビューティーサイエンス研究所から分かれて、新たに組織されたビューティークリエーション研究所は、今はビューティークリエイションセンターになり、宣伝、ポスターのヘアメイクの仕事をしている。美容部門が統一されたということだ。

資生堂の美容技術や美容ソフト情報の発信元になるビューティークリエーション研究所の所長に就任して着手したのは、資生堂メイクアップ理論の構築である。私の入社当時から変わることが無く、メイクアップはファッションとして時代の最先端を歩むものだし、現代に即したソフト情報が求められていた。理論構築の狙いは、社内の若手のビューティーコンサルタントや化粧品専門店のスタッフが短時間で理論を習得し、即実践で活用できるようにすること。その大きな特徴は「個」に注目した点である。一人ひとり異なる顔立ちを分析し、個の魅力を引き出し、それぞれの生活シーンやファッションに合わせたメイクアップをつくり出すというもの。資生堂美容技術専門学校の副校長を務めていた故・西島悦さんがプロジェクトリーダーとなり、理論を構築した「スペースバランシング理論」「パーソナルイメージクリエーション」「ゴールデンバランス理論」。これらは今も資生堂メイクアップのバイブルになっている。

六十歳で資生堂人生を終わりにしようと思っていたら、特命管理職になった。思いがけない辞令であった。資生堂入社以来、本社のある銀座勤務の経験が無い。ずっと五反田のビルにいて、研究所勤務だった。その私が初の異動ということになった。それも原点への復帰だった。

第七章

若い世代に「不変の美」を伝える

私の新たな赴任地の最寄り駅は埼京線の十条だった。懐かしい地である。駅前の商店街を歩いてみると、たたずまいは昔のままだった。さすがに店の多くは変わっていたが、それでもよく定食を食べに入った店が残っていた。

十条駅から十分ほど歩くと、美容師としての原点でもあり出発点でもある、私の母校・資生堂美容技術専門学校がある。五十年ほど前、私はこの学校を卒業したのだが、二〇〇六年、副校長に就任し、戻ることになった。感慨深かった。

それまでも毎年学校に来て、学生たちに教えてはいた。と言っても年に一、二回程度。特別講義という形だった。本格的に学校教育に関わることなど、自分では考えていなかった。もちろん、校長になり十年になるが、今は、なって良かった、とてもやりがいのある仕事をさせてもらっている、と感謝している。それも六十歳を過ぎてからである。

最初は戸惑い、こういった教育機関に自分は向いているのか、できるかどうか、という不安でいっぱいだった。これまでも後輩、弟子たちを育ててきた。前章で触れたように、現在第一線で活躍している者たちは大勢いる。弟子はそれなりのものを持っていて、私はその才能を開花させただけだ。

学校は学生と教師の立場が厳然としてあり、公の機関である。何より自分の好き勝手ではできない。まずは基礎を徹底して叩き込み、美容師としての技術を習得してもらわなくてはいけない。この役割をどう果たしていけばいいのかというプレッシャーばかりがあった。副校長時代の三年間は、校長の脇にいて、美容学校の教育とは何か、把握することに専念した。

赴任したときの校長は、永嶋久子さん。資生堂では歴史に残る人で、海外派遣美容部員のパイオニアである。二十七年間に三十四ヵ国で勤務した。一年の三分の二は海外にいたという、私も脱帽するほど海外経験豊富な方だ。三十一歳で課長になり、女性では高賀さん、三代目校長・山内志津子さんに続く三人目の役員になり、最終的には常務にまでなった。

永嶋さんから学んだことは、基本的なポリシーだった。美容学校は美容師を育てるところだ。美容師になるためには国家試験を通らなくてはいけない。だから、美容学校の最高の宣伝文句は〝国家試験合格率百パーセント〟が一般的だが、当校は、合格率だけに終始していなかった。美容技術の習得はもちろんだが、それ以外の部分でも、二年間学んでもらうことで、「資生堂美容技術専門学校らしい」とか「この学校で学んで良かったな」と、いかに思ってもらえるかを大切にしてきた。その要が、永嶋さんが大切にしていた基本的ポリシー〝人となり〟だった。

美容師はお客さまとの接点から始まる。それなしには成り立たない。お客

資生堂学園校舎

さまの信頼をいかに得るか。要するに接客業だということだ。優秀な技術だけでは、一流の美容師にはなれない。

「人間力、人としての魅力があって初めて一流の美容師やビューティーコンサルタントになることができる」

と私も口を酸っぱくして学生たちに言っている。私が美容師になった頃は、時代的にも職業意識の醸成までのゆとりも少なく、こんなことを言われたことは無かった。でも今の美容学校の教育にもっとも必要なことだと思っている。

永嶋さんと三年間ご一緒して、二〇〇九年、私は校長に昇格した。これは異動のときに言い含められていた。

校長として心掛けたことは、校長室にふんぞり返っていることだけはやめようということだ。何より美容師としてこれまでの私の体験をどう伝えていくかだった。美容師でありながら、ヘアメイクアップアーティストの仕事をしてきた。資生堂にいたおかげで、広告の仕事、ファッションショーの仕事、海外に出てヘアショーを開いたり、若い頃はコンテストに出て、二十五歳でニューヨークに行ったことなど、自分が少なからず経験してきたことを伝えたかった。とくにニューヨークに行った前後に得たこと、こうすれば形が良くなる、こうすればモデルがきれいに見える、といったことを、自己流であったかもしれないが、自分なりに体得できたことが自信になり、それが基本になっている。

要するに美容師としては貴重な経験をしてきたと自分では思っている。ここで得たものを伝えなければいけないと思った。それはヘアだけでなく、メイクアップにも関心のある学生が増えてきたからということもある。そこで「ビューティーコンサルタント科」を新たに設立した。美容師だけではなく、化粧品を販売するプロを育てるのが目的で、資生堂のビューティーコンサルタントに憧れる学生も多く入学するようになった。

自分自身の体験を伝えるため、年四回は、学生を集めた講話を行っている。ヘアメイク技術の展示授業も行っている。入学式や、卒業式の挨拶でも、必ず自分の体験談を入れることにした。

オープンキャンパスを年に三十回以上も行っているが、私はフル出場している。二、三十分ぐらいで、美容師の仕事とは何か、当校の特色は何か、といったことを話した後、プロのモデルでミニヘアショーを見せている。校長になってから始めたことだ。

最近も、美容師になりたいという男子学生が両親と一緒にオープンキャンパスにやってきた。ほかの美容専門学校の説明会にも足を運んだだろうが、当校のパンフレットを見た両親が

「ここだったら、入学を許してもいい」

となった。オープンキャンパスで私のヘアショーも見て

「なおさらいい」

となった。オープンキャンパスに何度も来て当校に決めた、という学生も結構いる。校長自ら出てきて、話をしたり、ミニヘアショーを実際に見せるなんていう学校はほかにはないからだろう。

美容が好きで、美容師に憧れ、興味があるので入ってきた学生たちに、その夢を挫折させず、その職業をまっとうしてほしい、と強く思っている。その背中を押してあげたい。人間なのだから、悩むことも、うまくいかないことも、いっぱいあるだろう。そんなとき、

「君はここがいいよ」

「こんなに技術を持っているんだから、こうすれば生かすことができるんじゃないかな」

といったアドバイスができれば、背中を押すことになる。

技術的なアドバイスをすることは難しい。私自身は資生堂というフィールドの中にいて、若い頃から、一流だと言われているフォトグラファーやデザイナー、モデルたちとお付き合いさせていただいた。得られるものはいっぱいあったが、この人たちと同等にやっていくためには、技術はもちろんのこと、感性も自分で身に付けるしかなかった。そこで得たものは、身体の中に

染み込んでいる。多少の自負はある。通常のサロン美容師たちとは違うものを、別のフィールドで私は持つことができたと思うので、その要素を学生に伝えることができる。学生たちも、技術だけでなく、感性を大事にしてほしいと。

何より伝えたいことは、美のバランス。相手の頭や顔をぱっと見たとき、バランスがとれていることが美しく見える。そしてその人に似合っているかどうかも肝心なことだ。それを美容師やメイクアップアーティストがどれだけキャッチできるかどうか。

今風なもの、流行しているものはあるけれど、それは時代と共に変わっていく。要するに美の要素としては何分の一程度のもので、要は人が見て、永遠のもの、基本的な美しさ、〝不変の美〟を学生たちに伝えていかなくてはいけない、と私は思っている。もしも毎年最新のことを伝えなければいけないと思っていると、教える側もつい、最新の流行とはこれでいいのか、それに対する自分の解釈はこれでいいのかと、ドキドキ・ハラハラしなくてはいけなくなる。しかし基本的な美しさ、〝不変の美〟はいつだって変わらない。だからドキドキ・ハラハラはしない。

アバンギャルド的なもの、パンク風なものに、若い学生たちなので、関心を持つ。それはそれでいい。

「その中にも美の基本はあるのだから、そこを追求しなさい」

と学生たちに言っている。基本を得ていないと、ただ流行を追いかけていても、深みが出てこないということだ。繰り返すが〝不変の美〟が好きなのだ。そこしかないと思っている。自分でも一番のこだわりになっている。

人間、年を重ねていくと、どうしても枯れてくる。若い頃はあんなに華やかだったのに、今は……ということになってしまう。でも〝不変の美〟という基本を持ち、美の多様性、つまり〝人それぞれの美しさ〟に価値観を見いだし、こだわりを持つ人たちは残っていけると思う。

しかし若い人たちは経験の少なさから、〝不変の美〟に価値観を見いだしている方がまだ少ない。今風だけを求めているところがある。五年も経てば今風ではなくなるのに。そのときにあわてふためいても、しょうがないと思うのだが。

ただ昨今、ヘアメイクの世界では今風のもの、流行のものが感じられなくなった。私が美容界に入った一九六〇年代の終わりから、八〇年代にかけては、十年ごとにファッションの変革があった時代だった。たとえば六〇年代はミニスカートが流行り、サスーンカットが大流行した。七〇年代はヒッピー風なものとか。八〇年代になると、ショートヘアになり、働く女性が出てくる。パワーウーマン的なものだ。

ところが九〇年代、そして二〇〇〇年を過ぎた頃から、流行するものが無くなっていった。変化が無い。変化が無い時代なので、小手先だけで、こなそうとする。最近で言えば「カワイイ」がトレンドだという。「一体、どこがカワイイの?」と言いたくなるものもある。雰囲気だけで実体が無い。「カワイイ」という表現が独り歩きしてしまい、「カワイイ」であれば海外で通用する、みたいなところがある。日本のヘアショーでも、軒並み「カワイイ」をテーマにしているところがある。あまりにも安直ではないか。

私は、五十年仕事をしてきて、ファッションの変動の時代を実体験してきた。仕事を始めた時期は、今とはシステムが違っていた。カットの技術はあったけれど、レザーカットだった。女性はアミカーラーを巻いて、ネットを被せて、そのまま寝ていた。戦後ずっと続いていたことだ。高度成長期になり、女性に余裕みたいなものが生まれ、美しくなりたいとヘアスタイルが注目され始めた。が、洗い晒しでは髪の毛がボサボサになるだけ。そこでパーマが流行り出し、パーマをきれいに見せるためにアミカーラーを巻くようになった。一九八〇年代後半になると刈り上げの女性が増えた。流行はここまでだった。

今はカットして、ブローする、そしてパーマやヘアカラーをすることが、常態化している。これからも、これ以上の変化はないのではないか。可もなく、不可もなく、一九九〇年代後半から、女性らしいスタイルとされているものが続いているということだ。

それでも多少の変化はあって、日本がリードしているところがある。昔は、パリで修行しなければ一流になれない、ロンドンで修行しなければ一流になれない、時代遅れになるだけだと言われた時代もあった。今は、アジアの人たちは、欧米で勉強するより、日本に行って勉強したいという時代になってきた。カットをベースにしたものは、日本人は手先が器用なので、工夫して表現することが得意だ。

この流れの中で、日本の美容技術を生かすためにも〝不変の美〟を追求し、それがこなせるようになることが重要になってくる。今の若い人たちは、この基本的なことを身に付けているかどうか。付けていないのなら、徹底して教え込まないといけない。

こうして十数年、学生たちと接してきた。それでは学生たちの私への評価はどうなのだろう。学校の事務方が集めてくれた声によると、

「分かりやすい指導法でいい」

「よくあるのは、根本からだめだということで変えようとする。その先生の

やり方をさせようとする。そうではなく、学生のやっていることを生かしながら、ここをちょっと変えれば良くなるぞ、といったアドバイスをしてくれる。私たちも納得できる」

「ネガティブではなく、そうなると良くなる、美しく見える、と的確に伝えてくれるので、勉強になる」

私の思いは、充分に学生たちに伝わっている。


教える先生方、教師にも、教育していかなくてはいけない。基本的には学生と同様の意識を持ってもらうことが基本になる。教える立場なのだから、学生以上に確固たるものにしてもらわないといけない。意識改革が必要になってくる。そこで月に一回か二回、夜残ってもらって勉強会をしている。私が講師だ。あるいは若い教師らが中心になって、テーマを決めて、ヘアスタイルについてのアドバイスを私が行っている。

おかげで「技術発表会」のレベルがぐんと上がっている。二年生が卒業記念も兼ねて、自分たちが学び、習得してきたものを作品化し、毎年秋に発表する。優秀な作品に対して、個人、クラスを表彰するものだ。学生たちが主役ではあるが、最初にリードするのは、担任の教師たちで、しっかりしていないと前に進まない。

毎年、発表会の半年前あたりから準備が始まる。担任の指導のもと、学生たちは話し合い、テーマを決めたりしている。学生たち同士は言い合いになったり、涙を流したりするわけだが、まとめ役は担任がする。

私が進行具合を見るのは、技術発表会当日の数週間前あたりだ。二〇一八年は三週間前だった。この時点では、まだ形になっていない。学生たちのプランを聞く程度だ。一週間前になった頃、またクラスを回る。今度は進んでアドバイスをする。

「こんなんじゃダメだ」

と否定するようなことは言わない。私が求める〝美〟とはこういうもので、そのためにはここをちょっと変えたほうがいいといったことを言う。

あるいは一週間前の段階で、

「これでいいんじゃないの」

とも絶対に言わない。言ってしまうと、そのまま本番を迎えて、何ら刺激の無い、評価の対象にならない作品になってしまう。

ものになるなと思うのは、発表会の前日あたり。それでも、

「ここをこうすれば完成度も高まり、もっと良くなる」

とアドバイスする。伸ばせる学生、可能性のある学生は、もっと伸ばしてあげなければと思うからだ。学生たちには、持っている力に自信を付けさせてあげる。周りの学生たちにも、

「こうして作ったから良くなった」

と気付かせてあげることが大事だ。

これは弟子を育てたときと同じことなのだが、殻を破る、どこで殻を破るかが肝心だ。殻を破るタイミング、それも外から叩いてひびを入れてあげないと、そのまま閉じこもった状態になってしまう。的確なアドバイスをする

ことが、殻を破ることになる。

そうすると、学生たちにも一週間の間に格段の変化が出てくる。最後になってぐんとレベルアップし、発表する作品としてふさわしいものになっていく。学生たちも感じているはずで、私にとってのやりがいにもなる。

この間、私のアドバイスを正面から受けとめ、学生に伝えるのも担任の教師の重要な役割になる。私は自分で何でもやらなくては気が済まないところがあるのだが、教師たちがうまくサポートしてくれている。本番当日は、ファッションショー形式なのだが、プロの演出家がいるわけではない。何度か経験している担任がリードしていかないといけない。うまくリードしてくれるおかげで、舞台はいつもスムーズに進行し、ミスが無い。

技術発表会での優秀作品をできうる限り多くの人たちに見てもらいたいと思った。単なる卒業記念に終わらせたくなかった。

「皆さんよくできました、皆さんには平等に出番があり、ご招待した親御さんたちも喜ばれています。良かったですね」

で終わりにしてはいけないと思った。技術を磨き真剣に表現する場、ということだ。そこで、

「いいものは残す、いつも目にすることができる、次の学年の学生たちの目に触れるようにする」

というコンセプトで、優秀作品を写真に撮り、学内、それもロビーや廊下に展示することにした。となれば、次に技術発表会に参加する者たちには、そこに展示してあるもの以上の作品にしなくてはいけない、というライバル心、競争心が生まれる。もしかすると、それらの作品を見て、その「真似をすればいい」と思う、向上心の無い学生たちがいるかもしれない。学生たちに講話などで、

「多少は真似してもいいけれど、お手本以上の作品にしてほしい」

と言っている。若いうちはアイデアを盗んでもいい、真似してもいい。ただ、そっくり真似してはいけない、と言っている。ということは、新たなアイデアを入れて勝負してほしい。そのためには技術もアップしてもらわなく

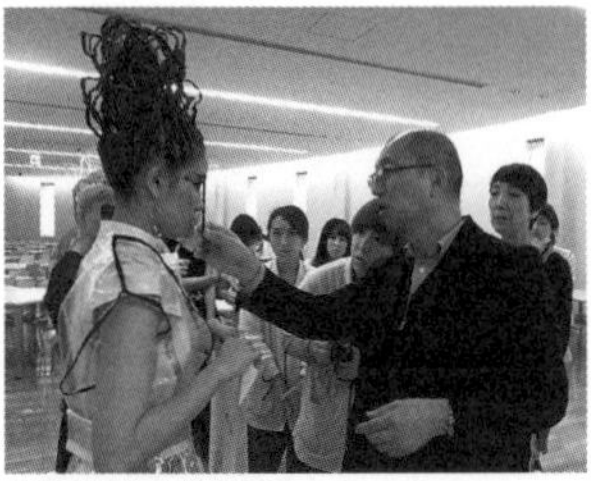

技術発表会指導

てはいけない。若いなりの発想でやってほしいと思っている。

学校の入口ロビーには、学生たちの作品だけでなく、いろいろ展示しているが、全部私が指示した。スタッフからすれば、さぞうるさい親父だと思われただろうが、学校に初めて来た学生たちからは、

「凄い！」

と言ってもらえるものになったし、当校の魅力の一つになっているようだ。二〇一七年当校で開催した「マサ大竹　美容活動50周年記念の会」でも、来校していただいた方には、校舎だけでなく、受付や席を案内する学生の対応や玄関の展示物を評価していただき、お褒めの言葉をいただいた。

学生募集のパンフレットにも「技術発表会」の作品を四ページも使い掲載している。当校に通えばここまで成長できる、と思わせる。応募する立場からすれば、

「よーし、自分も習得して、ここまでできるようになろう」

というやる気を起こすことになり、ぜひ入学したいと思うようになる。実

際、入学の動機に、技術発表会で賞を取り、自分の作品がパンフレットに載るようにしたいという者が増えてきた。

学生募集のパンフレットは、副校長の時代から、直接関わるようになった。すでに少子化が問題視され、四年制大学は全入時代に入ろうとしていた。となると、専門学校に進もうとする学生は減少していき、美容学校の中にも定員割れが発生していた。

まず表紙を全面的に変えた。あるとき担当者から、予算は無いが高校生が興味を持つような見映えのする表紙をつくれないか、との相談を受けた。業者任せにせず、学校独自で制作し、自分たちの思いを反映させるべきだと思った。ところが、ビジュアルに長けている人材が一人もいなかった。仕方なく、私一人で制作した。広告や『花椿』の仕事をしてきたので、それなりの知見があった。表紙の刷新は、私の経験が活かせる仕事だと思った。

モデルのキャスティングも予算内で私が行い、アートディレクション、レイアウトデザインもすべて自分で行った。旧知のフォトグラファーとスタイリストにお願いして、パンフレットの刷新を図った。

最初はプロのモデルを使って、表紙づくりをした。まさに『花椿』の表紙風だった。次に現役の学生モデルを使ってみたら、多少の不安はあったのに、

「本当にこの人たち、素人のモデルですか」

と言われるほどの出来栄えになった。以後学生たちが表紙を飾っている。

現代の高校生たちにダイレクトに、

「わぁ、きれいだ」

「わぁ、おもしろい」

「わぁ、素敵だ」

というものが無くてはいけないと思った。感性を重要視した。技術発表会の作品を掲載したのも、これらのコンセプトに沿ってだ。

入学案内のパンフレットを二万部程度つくる。入学者は、三百人弱なのに。でも、ほとんど捌《は》けて、手元に残るのは毎年百部を切っている。入学を目的としてパンフレットを手に入れるのではなく、技術発表会の作品見たさ、と

資生堂美容技術専門学校
学校案内表紙［2009］

［2010］

いう人たちも相当数いるのではと思っている。

実は、この「技術発表会」の作品撮りには、私の密かな挑戦がある。発表会当日は、次々にモデルになった学生たちが出てくる。その中で、どこが一位になるのか、特別賞を受け取るかなんて分からない。ということは、全モデルを撮影し、かつベストショットを撮らなくてはいけないことになる。ライティングもあり、舞台は暗いトーンなのできれいなフォトを撮るのは難しい。ベストショットを撮るためには、スタジオで、一人ひとり撮らなければ、不公平になってしまう。

当日が無理なのなら、いつ撮ればいいのか。私なりにいい方法を思いつく。本番の前日、本番中は会場に入れない一年生に作品を披露している。本番同様の動きをし、二年生にとっては、ゲネプロになる。私がそれを見ながら、これぞというものを選んでパンフレット用のフォトを撮影すればよいのだ。ゲネプロで選ばれた作品の学生たちは、スタジオに行くように言われ、そこでフォトグラファーが撮影する。

［2012］

［2011］

しかし、本番当日は当校の部長や外部の美容雑誌の編集長など外部の審査員も複数いるので、私が選んだ作品が選ばれる保証は無い。前日に撮影していない作品が選ばれると、その作品がパンフレットに掲載されないことになり、学生に申し訳ないことをしてしまう。幸いにも今までそうした例は無く、私の評価が審査員全員の評価と一致していることで毎年安堵している。技術発表会のウラでは、私自身もこうした挑戦を行っているのだ。

問題は撮影時間だった。フォトグラファーの立場からすれば、ベストショットを撮るためには、撮影の角度やライティングなどを変えて、何枚ものフォトを撮り、その中から選びたい。だから最低一人三、四十分はかかる。ということは、三十人も撮ることになると、十五時間、一日の仕事になってしまう。最初フォトグラファーに相談したとき、

「せめて半日は欲しい」

と言われた。ところが、

「すいません、一時間で全部終わりたい」

［2014］

［2013］

と頭を下げてお願いした。学生たちをそんな長時間、拘束するわけにはいかないからだ。作品の最高のアングルは私が把握しているので、「この角度で撮ってほしい、ほかの角度は要らないと、あらかじめ指定する」という条件をつけて短縮してもらった。だいたい一作品あたり五分程度で撮影してもらっている。

二〇一八年のフォト撮影は三十九作品にもなった。最初は二十作品くらいだったから、それだけレベルが上がってきたということだ。フォトとして残すことによる成果は確実に上がっている。校長としてこんなに嬉しいことは無い。

美容という仕事は楽しいんだ、クリエイティブな面があるんだ、と若いうちから意識してもらえば、いざ仕事として始めたときのパワーになっていくだろう。このことが分かっていないと、挫折することにもなる。最近の傾向として、挫折する美容師が増えている。卒業生を含め、挫折者を出したくないという思いが強くある。

［2015］

［2016］

私自身を振り返ってみても、苦労はいっぱいしたけれど、やりがい、楽しさを、どこかで感じることができた。そのエネルギーが何事にも食らいついていく貪欲さにつながった。だから今があるのであって、学生たちにもそれを摑んでほしいと願っている。

入学希望者は年々増加している。おかげで定員を拡大することができた。今どきの美容専門学校は書類選考や面接のみで入学が決まることも多いと聞く。しかし当校には試験がある。二倍には届かないが〝倍率〟も発生する。少子化時代のブランディングには手応えがある。

だからといって、まだ満足するわけにはいかない。二〇一九年三月には、創立六十周年を迎えた。今後七十周年、八十周年を快く迎えるためには、どうしていけばいいのか、今まで以上に、美容師やメイクアップアーティスト、ビューティーコンサルタントなど、美容業に就きたいと思う入学希望者たちから選ばれる学校にしていかなければいけないと思っている。そのためには

［2017］

［2018］

日々何をしなければいけないのか。時代にあった改革をしていかなくてはいけない。言うのは簡単なのだが、実行していくとなると、困難なことばかりが待ち受けている。

実は、私自身は、校長の職は二〇一九年三月で降りるはずだった。資生堂美容技術専門学校は資生堂学園傘下の一部門だ。二〇一八年四月から、学校法人資生堂学園の理事長になった。前任の理事長は本社の前社長。ということは、後任は本社の幹部クラスが赴任してくるものと思っていた。どうして私に辞令が下りたのか、いまだによく分からない。とにかく、理事長と校長を兼務することになった。

二〇一九年四月からは理事長職に専念することになっていた。一般社団法人ジャパン・ビューティーメソッド協会を立ち上げたのも、校長の激務からは多少は解放されると思ったからだ。メイクアップの仕事に興味を持つ学生が増え、学内で検定制度を作った。検定のランクがあるのだが、ステップアップしていくごとに、技術レベルが格段に向上していく。これを学内だけで

［2019］

［2020］

なく、メイクアップアーティスト、ビューティーコンサルタントが自立できるようにするため、広く実施してみたいと思った。資生堂以外の化粧品を使い検定に臨んでも構わないにもかかわらず、資生堂がバックアップしてくれたこともあり、発足させることができた。

ところが後継の校長になるはずだった者が、まだ六十二歳なのに、大病を患い急死してしまった。ショッキングな、そしてとても残念な出来事だった。ここ数年は副校長の彼女とタッグを組み、資生堂美容技術専門学校を発展させてきたからだ。ジャパン・ビューティーメソッド協会の立ち上げにも尽力してくれた。

だからといって、発展を止めてはいけない。「マサ大竹　美容活動50周年記念の会」では資生堂社長の魚谷雅彦さんが祝辞で、

「学園だけで、一万四千人もの生徒たちを導いてこられた、資生堂のアーティストたちも育成してこられた。資生堂の大きな柱になっているし、私は誇りに思っています」

マサ大竹美容活動50周年記念の会［2017.6］

と評価してくれた。七十歳になったのだが、これからもこの評価に応えていかなければならない。(了)

プライベートのマサ大竹

大竹節子

主人が、自分がこれまでしてきた仕事の記録を一冊の本にしたとのこと。いかがでしたでしょうか。読者の方々に、ここまで読んでいただき、心より感謝いたします。実を言うと、主人がどんな仕事をしてきたのか知ることは、私にとってもわくわくすることでした。

家で仕事の話は一切しない人だからです。結婚した頃からそうで、置いてけぼりにされている感じがして、話してほしいとお願いしたこともあったのですが、

「この期間は、海外出張でいない」

と言われるだけでした。ただ同じ職場にいたこともあり、どんな仕事をしているのか、ある程度の想像はつくので、あえて

「今どんな仕事をしているの?」

などと聞くことは無くなりました。何か、満足できた仕事をして帰ったときは、とても機嫌が良く、表情ですぐに分かりました。私にもお酒をすすめてくれたり、二人で飲みに行ったりしました。今もそれは変わりません。といっても、二人でお酒を飲みに行ったときも、仕事の話はしません。子どものこととか、最近は孫の話をしています。ですから主人の仕事を詳しく知るのは、私もこの本を通じてなのです。

一昨年(二〇一七年)の五月にも、

「タキシードをクリーニングに出しておいてくれ」

と言われたのですが、どうして必要なのか、私には言いません。あとになって、「GLOBE EDUCATOR AWARD 2017」を受賞したことを知りました。授賞式が大阪であったもので、そのためのものだったのです。美容業界では世界的に最も権威があるICDモンディアルという団体が、世界でもっとも優れた美容教育者を

表彰するものだそうで、以前同じ団体から「BEST WORLD ACADEMY 2014」の表彰も受けています。こちらは資生堂美容技術専門学校が、世界でもっとも優れた美容学校だと認められたもので、校長ということで主人が授賞式に臨み、このときもタキシードをクリーニング店に出したものです。

資生堂の美容学校の校長をしているので得られた賞なのですが、校長職は、ここ十年ほどで、その前は、ヘアメイクアップアーティストとして活動していました。この仕事に対しても、イタリア美容家協会からランボー賞、ICD（世界美容家協会）からシュバリエ・コマンダーなど、国際的な賞をいただいております。

私との出会いは、美容師を養成する資生堂美容学校でしたから、私の知らない世界で仕事をしていたのではなく、あくまでも美容師としての活動を続けていることなので、「遠くに行ってしまったのではない」と、ほっとしています。

主人は幸せな人です。自分のやりたいことを五十年続けることができたのですから。会社の経営や商売には向いていない人だと思います。もし、そのような仕事をしていたら、どこかで挫折していたでしょう。美容師にしろ、ヘアメイクアップアーティストにしろ、アーティストとして仕事を続けられたことが良かったのだと思います。

初めて会ったのは、資生堂美容学校の入学式。席が近く、男子生徒は少なかったし、名前と顔はすぐに覚えることができました。でも、それだけのことで、男性として意識することはなかったのです。

一年間一緒に学び、記憶にあるのは、真面目な優等生だったことです。男子生徒は、悪ぶっている人たちと、真面目な人たちに分かれていて、主人は真面目派でした。美容技術研究所のインターンになれたのですから、成績も優秀だったのだと思います。美容技術研究所のインターンはエリートが行くところとされていましたから。

私は資生堂の美容室に就職したのですが、一年後、なぜか美容技術研究所に異動になったのです。ここで主人と再会することになりました。だからといってすぐには恋愛関係にはならなかったのです。同じ仲良しグループに入っていたので、仕事以外でも、会う機会が多く、自然に惹かれ合ったとしか言いようがありません。

周りで結婚する人たちが増えていき、残ったのが私たち二人だったという感じです。

同い年生まれなのですが、主人が先に三十歳になり、私が三十歳になる前に式を挙げよう、ということになったのです。当時としては遅い結婚だったと思います。プロポーズなどしなかったはずだ、と主人は本書でも書いていますが、たしかに、何がプロポーズの言葉だったのか、私もよく思い出せません。

新婚旅行をスペインに決めて、私が全部計画したのですが、お腹に子どもがいることが分かり断念しました。私は行っても大丈夫だと思ったのですが、当時は高齢出産だということで、リスクが生じるかもしれないということでした。

結婚式には、所長をされていた高賀富士子先生に出ていただきました。私にとっても上司であり、かなりしごかれたのですが、主人も同様で、高賀先生に引き上げていただいたので今があるのだと思います。

「彼は将来有望な人なのだから、バックアップしないとダメよ」

と高賀先生から言われたのですが、言われるまでもなく、私としてもそのつもりでした。

長年の友だち関係だったから、そう思ったのでしょう。仕事をしているときが一番輝いているときで、結婚してからも輝いていてほしかった。といっても、私ができることは、おいしい料理をつくり、家でくつろいでもらえればということだけです。要するに、普通の主婦をしていたにすぎません。結婚後はずっと専業主婦でした。主人と話し合って決めたわけではなく、私が子どもと過ごす時間を大事にしたいから決めたことで、いつでもそうですけれど、私が「こうしたい」と言うと、「いいよ」と言ってくれるのです。

主人は、家では普通の生活です。クリエイティブな仕事をしているわけですけれど、そのためのヒントって、普通の生活から得られることが結構多いと聞いています。家にいるときは、子どもたちのお父さんでしかなく、子煩悩ですし、子どもたちと遊ぶだけでした。子どもたちにとっても、家では普通のお父さんでしかなかったのです。亭主関白でもありません。子どものことは、ほとんど相談することはなく、私が決めて事後承諾。あとで喧嘩になったこともありません。

子どもは息子と娘の二人ですが、主人と同じ職業には進みませんでした。娘はファッションには興味はあったし、物心ついた頃には、父親がどんな仕事をしているのかは知っていたはずですが、あくまでお父さんでしかない。家ではぐうたらなお父さんでしかなかったので、そのイメージしか持たなかったようです。

それ以前に、なぜでしょう、ファッション関係の仕事に就くことを主人が嫌がりました。ファッションは、自分のもので、仕事にしない方がいいということで。それもあって、ファッションや美容師の世界には進まなかったのだと思います。

子どものファッションについては文句を言いません。私が、

「いくら何でも、その格好はおかしいんじゃない、へんちくりんよ」

と言っても、主人は
「やりたい格好をさせろ。本人がそれでいいと思っているんだから、やらせればいい」

と。娘は髪型など、当時流行していたのでしょうか、主人の作品より、はるかに奇抜なアフリカンヘアーだったときがあって、私は呆れ返ったのですが、主人は
「十代は何でもやってみたい年代だ。やってみてどうかなんだから、ダメだというのではなく、経験させて、何がオシャレで、何がオシャレではないかを培っていかなくてはいけないんだ」

とのこと。学校の方と話していたら、同じことを学生にも言っているそうです。

家で仕事の話はしませんでしたが、仕事はしていました。何か新しいものをつくり出すときは、家でもデッサンしたりしていました。こんなときは、集中してもらうためにも、私は近寄りませんでした。自分の考えがまとまるまでが大変で、その間は、家でもピリピリしていました。

子どもが寝てから、デッサンを描いていました。子どもには中学受験をさせたもので、小学校の高学年になると、塾とかで、土日に家にいることは少なく、そんなときは、昼間から家で仕事をしたりするようになりました。

ファッション批評はする人で、道行く人を見て、結構あぁだこうだ言うのです。着ているもののバランスが悪かったりすると、厳しく批評することもあります。あと、結構高齢なのに、若づくりのヘアスタイルだったりすると、とても反発を感じるようで、

「あれはひどいね」

と言ったりします。歩きながらでも、電車の中でも。家でテレビを見ていても、テ

レビに出ている人に対しても言いますから。

上から下までグリーンの服を着ている男の人がいて、

「この人は、グリーンにこだわる。なんでもかんでもグリーンなんだ。男にこういうのがいる。女性だと紫にこだわるのがいるな」

と。自分なりの独特のデータがあるようです。

この人と結婚して良かったなって、二人の生活が始まってからすぐに思いました。安心感をもたらす人だったからです。私にいろいろあって、世の中で孤立したとしても、この人だけは味方でいてくれるという安心感。何をしても、最後まで私を信じていてくれる人だと思えるのです。私の父が病を患ったときのこと。私は三姉妹の長女なので、率先して看病したのですが、妹たちと意見を戦わせるときもありました。そんなとき、主人に愚痴を言うと、さすがで、私のことを理解して、最大限に応援してくれたのです。

「きみの言っていることは間違いではない、大丈夫だよ」

という後押しをしてくれました。子どもの関係の問題が出てきても、私の対応を応援してくれる存在でした。

ただし、相手と真っ向から喧嘩はしないようにと。姉妹との関係でも、私は、良い、悪いの判断をして、完璧さを求めてしまうのですが、主人が諭します。

「おまえの言っていること、やっていることは正しい。でも、妹さんたちも、自分たちが正しいと思っている。それではいつまで経っても解決しないだろう。相手を受け入れていく。相手の立場を尊重する。そうした方が、お互いの気が楽になるぞ」

と。ほかの場面でも、私の言う通りだとした上で、

「でも、それでは相手を変えられないのだから、自分が変わるしかない。こう思えば、自分の思いを否定せずに納得できるんじゃないか」

と、具体的に、どう思えばいいのか提案してくれるのです。それは私が気が付かなかったことだったりして、「なるほどそうすればいいんだ」と思えてしまうのです。

相談事は、しっかり聞いてくれます。明日は六時に起きて仕事に行かなくてはいけないという日でも、夜中の二時、三時まで話を聞いてくれたこともありました。どう

していいのか分からなくて、落ち込んだときに、じっくり話を聞いてくれます。私が落ち着くまで聞いてくれるということです。

それは、結婚前からもそうでした。まだお互い結婚など意識していなくて、仲間として何人かで飲みに行ったりしたときも、それは私だけではなく、みんなの話をとことん聞いて、その上で議論していました。

おそらく、仕事でも、同じだったのではないでしょうか。自分のデザイン、主張を押し通すのだけれど、他のスタッフやモデルの思い、意見も尊重する。これが、競争の激しいヘアメイクアップアーティストの世界で仲間を増やし、ずっと最前線で生き抜いてこられた秘訣だったのではないでしょうか。

結婚して四十年が経ちましたが、一昨年、とても嬉しいことがありました。

以前から「パリに行きたい」とねだっていたのですが、それが叶ったのです。

主人は、しょっちゅう仕事で行っています。子どもたちもパリには行っているのです。テレビでパリの様子が映し出されたりすると、主人と子どもたちで話は盛り上がるのに、私一人入れません。それで、主人とのパリ旅行が約束されたのです。

二〇一七年十月、楽しいパリ旅行になったのですが、別に主人の「マサ大竹　美容生活50周年記念の会」があったからではなく、その随分前から企画されていました。それでも、パリはテロが起き、物騒だということで、何度か延期されていたのです。それが、記念の会があったせいか、いいきっかけになり、リスクがあっても、連れて行くということになりました。これまでの旅行は、すべて私が計画を立てていたのに、自分がパリに詳しいせいか、スケジュールはすべて主人が決めてくれました。

宿泊したホテルはオペラ座の近くにあり、とてもきれいな居心地のいいホテルでした。主人が仕事で泊まるホテルは、値段も高く、ワンランク上のホテルだったそうですが、そんな高級ホテルよりは、私たち夫婦にふさわしいホテルだったのです。

もちろん、私が行きたいところも、スケジュールの中に入れてくれました。モネが好きで、晩年を過ごしたジヴェルニーのお庭に行きたいという夢があったのですが、実現し、感激しました。ちょうど「水の庭」のお花が咲いていて、素晴らしかった。十月でクローズするとのことで、そのギリギリのところだったのです。家には、モネの画風に影響を与えたとされている浮世絵も飾ってありました。

美術館に行くと、モネの絵が飾ってあります。画集で見るより、現物に接することができたのですから。やはり違います。それにしても、東京でモネ展が開かれれば、有名な絵は、それこそ行列ができて、数分しか見ることができないのに、ここではじっくり見ることができるのです。私の知らない絵も展示されていて、モネのいっそうのファンになりました。食事も、自分がおいしいと思ったレストランだけではなく、私の大好きな生牡蠣がおいしいお店に連れて行ってくれました。

パリ旅行は、主人への感謝でいっぱいです。息子がパリにいて、二日間は親子で過ごすこともできました。私たちのパリ行きを知って、仕事の予定を合わせてくれたみたいです。

帰ってきて、写真を整理する時間が無く、なんとか十月中には整理しなくてはと思っていたら、フォトブックにしてくれて、

「はいっ、プレゼント」

といただくことができました。結婚した頃は、いろんなプレゼントをもらったもの

ですが、最近はありませんでした。表紙は、もちろん二人のツーショットです。もう宝物でしかありません。

主人は、基本的には若い時と変わらないのですが、最近は細かいことにこだわるようになりました。

家に帰ってくると、疲れていると思うのですが、脱いだものとかを、きちんと畳んで片付けるようになりました。ソファの上に洗濯物を置いておいたりすることもあります。そんなときに帰ってくると、それを畳むようになりました。観葉植物が趣味なのですが、家に帰ると、その手入れをして、それが終わらないと食事をしません。帰りは、何か会合などが無ければ、夜の九時ぐらいになるのですが、必ず手入れをしています。部屋の掃除までしたりします。若い頃には無かったことです。

学校の校長になった頃からでしょうか。それまでも、整理整頓をきちんとしていなければ気が済まない性格でした。しかし、自分がそうであればいいと思っていたのに、他人に対しても、家の中のことに対しても、遠慮せずにやり始めたということなのでしょう。

「生涯現役」を標榜しているようですが、七十代になり、自身もさすがに歳を感じているようです。毎日学校まで二時間かかるのですが、「通勤が辛い」というようになりました。整理魔になったのも、歳をとってきて、自分自身だけでなく、身の回りの整理もしようと思い始めたからかもしれません。

それにしても、現役を退いたあと、どうするのでしょうか。

もともとは絵描きになりたかった人です。今も家にいれば二人で必ず見る番組は、NHK・Eテレで日曜の朝に放映されている「日曜美術館」です。絵画展も、私が

「この絵画展に行きたい」

と言うと、「じゃあ行こうか」って、二人で見に行くことが結構あります。ただ、自分が見に行きたい絵画展は、一人で行ってしまうことが多いようです。学校の方の話によれば、それこそ、仕事の合間に、

「ちょっと行ってくる」

と、足を運ぶそうです。

近くにパステル画を教えているところがあって、勧めたことがあったのですが、まだ仕事が忙しく、両立しませんでした。私が趣味でいろいろやっていて、今熱中していることが、糸掛け曼荼羅というもの。釘を打って、素数に糸を掛けていくものです。糸の色の具合が肝心なのですが、主人は私がやっているのを見て、その色の組み合わせはダメだ、この色でやるべきだと言ったりします。

いつもそうでした。私が様々な趣味に取り組む。好きなようにやらせてくれるのですが、作品については、「センスが無い」と、けちょんけちょんに言われます。糸掛け曼荼羅は素数に掛けていくので、幾何学的な模様になって、そこが醍醐味です。主人は、これまでも美容師としてヘアメイクアップで美を追求してきたわけですから、関心度は高いはずです。でも今は、

「やってみる?」

と聞いても、

「おれは釘を打つのは嫌だ」

なんて言っていますけれど、リタイアしたら本格的に始めるかもしれません。

今は、私としては、いろんな情報を主人に提供しようと思い、集めているところです。「これをしたい」ということは、まだ決まっていないのかもしれませんが、現役を退いても、これまで通り、何かを美しくするためのことをするのではないでしょうか。

子どもたちが巣立ち、二人の生活に戻りました。夫婦間で、いわゆる倦怠期のようなものは無かったように思います。今も一番仲のいい友だち関係が続いています。これからもそうであり続けたいものです。（了）

謝辞

本書を執筆するにあたり、ルポルタージュ・ライターの福沢一郎さん、資生堂美容技術専門学校前副校長の西島悦さん（故人）、教務部の大谷みさおさん、資生堂グローバル広報部の片岡まりさんにきめ細かくサポートしていただきました。福沢さんには、時系列がバラバラだった私の話を整理整頓し、見事なストーリーに仕立てていただきました。また、自分の資料は、きちんと整理してきたものの、おぼろげな記憶も多く、そのたびに西島さん、大谷さんが膨大な資料を読み解くとともに、関係各所に確認を取ってくれました。そして人生初のインタビューに応じてくれた妻・節子にも感謝しなければいけません。彼女の支えが無ければ、五十年間走り続けることはできなかった。自叙伝をまとめる機会をくださった国際商業出版の長谷川隆さんはじめ、皆さまに、厚くお礼を申し上げます。

大竹政義

マサ大竹　年譜

※「歳」は当該年誕生日後の年齢を示す。

一九四八(昭和23)年
四月六日、新潟県三条市に生まれる。

一九六七(昭和42)年　19歳
四月、資生堂美容学校（現・学校法人資生堂学園資生堂美容技術専門学校）入学。

一九六八(昭和43)年　20歳
三月、資生堂美容学校卒業。**四月**、資生堂美容技術研究所付属美容室のインターンとなる。

一九六九(昭和44)年　21歳
四月、資生堂美容技術研究所の所員となる。**七月**、美容師資格取得。

一九七三(昭和48)年　25歳
九月、資生堂ビューティーショーに出演。**十一月**、インターナショナル・ビューティー・ショー（ＩＢＳ）全国大会優勝。

一九七四(昭和49)年　26歳
三月、ＩＢＳ世界大会に日本代表として出場（於・ニューヨーク)。**九月**、近江禮一氏ディレクションによる「ノスタルジー オン ステージ」に出演（於・西武劇場）。**十月**、資生堂「アクエア・ビューティーケイク」テレビCMハワイロケ。

一九七五(昭和50)年　27歳
資生堂「アクエア」夏のキャンペーン『描いてごらん海の色で』ヘアメイク担当。

一九七六(昭和51)年　28歳
資生堂「アクエア」夏のキャンペーン『南南西の風・色いきる』ヘアメイク担当。**十一月**、日本人のヘアメイクアップアーティストとして初めてパリ・コレクションに参加。

一九七七(昭和52)年　29歳
資生堂「スプレンス・クリスタルデュウ」春のキャンペーン『マイピュアレディ』ヘアメイク担当。**二月**、パリの新進デザイナー6名を日本に招いたファッションショー『6人のパリ』ヘアメイク担当。

一九七八(昭和53)年　30歳
六月、資生堂「インウイ」ニューヨークロケ。

一九七九(昭和54)年　31歳
資生堂「ベネフィーク・グレイシィ」「スプレンス・クリスタルデュウ」春のキャンペーン『劇的な、劇的な、春です。レッド』ヘアメイク担当。**三月**、ヘアメイクを担当した映画『ベルサイユのばら』公開。

一九八〇(昭和55)年　32歳

資生堂「ナツコ・ビューティパクト」夏のキャンペーン『輝けナツコSUN』ヘアメイク担当。**二月**、日本ヘアデザイン協会(NHDK)スペシャルヘアショー。**十一月**、パリ・コレクション(山口小夜子)。

一九八一(昭和56)年　33歳

二月、IBS世界大会にゲスト出演。**六月**、ISSEY MIYAKEショー(於・オランダ)。**十二月**、Kansai Yamamotoショー。

一九八二(昭和57)年　34歳

二月、第7回ワールドヘアドレッシング・コングレス(於・ロンドン)にゲスト出演。**同月**、イタリアでヘアショー。

一九八四(昭和59)年　36歳

二月、ヘアメイクショー「ジャパン・トゥデイ」出演(於・ニューヨーク)。**三月**、ミュグレー・パリコレクション。

一九八五(昭和60)年　37歳

四月、ICD世界大会(於・パリ・モナコ)高賀富士子氏に同行。

一九八七(昭和62)年　39歳

五月、イタリア美容家協会(UNFAAS)PUREMIO RAMBAUD(ランボー賞)受賞。**同月**、『花椿』中国ロケ。**九月**、87ヨーロッパ選手権ヘアショー出演。

一九八八（昭和63）年　40歳　**四月**、アトリエＭＡＳＡ結成。**五月**、ＩＣＤ世界大会出演（於・ハンブルグ）。

一九八九（平成元）年　41歳　**二月**、ＺＯＴＯＳビューティフェスティバル出演。**九月**、『ヘア&メーキャップ・マサ大竹の方法（MASA'S METHOD: HAIR & MAKE UP）』（求龍堂）刊行。**同月**、MASA'S METHOD展開催。

一九九一（平成３）年　43歳　**九月**、ＮＨＤＫ北海道ショー、セミナー。

一九九二（平成４）年　44歳　**四月**、『花椿』ロサンゼルスロケ。**六月**、『花椿』特集「スティーブン・ジョーンズの帽子とマサ大竹のヘア&メーク」撮影（帽子デザイナーのスティーブン・ジョーンズ氏と）。ＩＣＤ世界大会出演（於・ベルリン）。

一九九四（平成６）年　46歳　**四月**、一九九五年用大型カレンダー撮影（写真ニック・ナイト氏）。

一九九五（平成７）年　47歳　**四月**、『花椿』ハワイロケ。特集「エイプリルな黒」にモデルとして出演。**七月**、日本ヘアデザイン協会創作設定委員長に就任。**九月**、ＩＣＤパリ大会出演。**十二月**、資生堂ビューティークリエーション研究所所長（部門長）就任。「スペースバランシング理論」「パーソナルイメージクリエーション」「サクセスフルエイジング美容理論」等、メイクアップ理論を確立。**同月**、資生堂アカデミー・オブ・ビューティー・アンド・ファッション（ＳＡＢＦＡ）校長に就任。

一九九六（平成8）年　48歳　**六月**、『メイクアップをマスターする』（女性モード社）刊行。**八月**、十人展パーティ。**十月**、日本初ワックスタイプ整髪料「ＺＯＴＯＳヘアスタイリングワックス」開発。**同月**、ＩＣＤ世界大会出演（於・ニューヨーク）。**十一月**、ユキトリヰ・メンズコレクション出演。

一九九七（平成9）年　49歳　**二月**、日本ファッション・エディターズ・クラブ（ＦＥＣ）賞受賞。

一九九八（平成10）年　50歳　**九月**、『Fashion Hairstyling by MASA』（新美容出版）刊行。**十月**、渋谷ＭＡＳＡオープン。**十二月**、ＪＨＡ発表会。

一九九九（平成11）年　51歳　**十一月**、東京都優秀技能者知事賞受賞

二〇〇〇（平成12）年　52歳　**五月**、ＩＣＤ世界大会出演（於・ベルリン）。

二〇〇二（平成14）年　54歳　**五月**、ＩＣＤパーソナル・オブ・ザ・イヤー受賞。

二〇〇四（平成16）年　56歳　**二月**、『Make-Up Beauty：美しさはひとつではない』（女

性モード社）刊行。**五月**、ＩＣＤ世界大会出演（於・東京）、シュバリエ・コマンダー受賞。**十一月**、厚生労働省「卓越した技能者（現代の名工）」に認定。

二〇〇六（平成18）年　58歳
七月、ＮＨＤＫ五十周年ガラショー出演。

二〇〇八（平成20）年　60歳
五月、黄綬褒章を受章。**九月**、ＩＣＤ世界大会出演（於・リオデジャネイロ）。

二〇〇九（平成21）年　61歳
四月、学校法人資生堂学園資生堂美容技術専門学校校長に就任。

二〇一一（平成23）年　63歳
九月、ＩＣＤパリ大会参加。

二〇一二（平成24）年　64歳
五月、ＩＣＤ世界大会出演（於・ローマ）。**六月**、『日本の美容家たち マサ大竹』（新美容出版）刊行。

二〇一三（平成25）年　65歳
二月、資生堂ビューティーコングレス・ヘアショーに出演。
四月、ＩＣＤパリ大会参加。

二〇一四（平成26）年　66歳
六月、ＩＣＤノルディック大会参加。**九月**、資生堂美容技術専門学校がＩＣＤベスト・ワールド・アカデミー受賞。

二〇一五（平成27）年　67歳
十二月、資生堂プロフェッショナル・シンガポール・ショー出演。

二〇一六（平成28）年　68歳
六月、ＮＨＤＫ六十周年記念パーティーに出演。

二〇一七（平成29）年　69歳
三月、資生堂ビューティーコングレス・ヘアショーに出演。**五月**、ＩＣＤ世界大会出演（於・大阪）。ＩＣＤグローブ・エデュケーター・アワード受賞。**六月**、「マサ大竹　美容活動五十周年記念の会」開催。

二〇一八（平成30）年　70歳
二月、一般社団法人ジャパン・ビューティーメソッド協会理事長に就任。**四月**、学校法人資生堂学園理事長に就任。

著者略歴

学校法人資生堂学園専務理事

大竹 政義（おおたけ まさよし）

一九四八年、新潟県生まれ。一九六八年、資生堂美容学校（現・学校法人資生堂学園資生堂美容技術専門学校）を九期生として卒業後、株式会社資生堂に入社。資生堂の宣伝広告や世界各都市のコレクション活動に長年にわたり携わった後、資生堂ビューティークリエーション研究所所長、SABFA校長を歴任。現在も、現役トップアーティストとしてヘアメイクアップショーやクリエイション活動の第一線で活躍し、その卓越した技能を教育現場においてもリアルタイムで伝承する美容界の第一人者。一九七六年、日本人として初めてパリコレクションに参加。二〇〇四年、厚生労働省「卓越した技能者（現代の名工）」に認定。二〇〇八年、「黄綬褒章」を受章。一般社団法人ジャパン・ビューティーメソッド協会理事長、インターコワフュール（ICD・世界美容家協会）ジャパン副会長、日本ヘアデザイン協会理事。著書に『日本の美容家たち マサ大竹』他、多数。

飽くなき美の探求

マサ大竹 自叙伝

二〇一九年八月七日 初版第一刷発行
二〇二四年九月一日 第二版第二刷発行

著　者 大竹政義
発行者 栗田晴彦
発行所 国際商業出版株式会社
〒一〇四-〇〇六一
東京都中央区銀座六丁目一四-五
電話〇三-三五四三-一七七一

ISBN 978-4-87542-302-7

装　幀 片山翔平（資生堂クリエイティブ株式会社）
本文組版 中村伸二
本文印刷・製本 三松堂印刷株式会社